# LA POLITIQUE
# SOCIALE
## EN
# TCHÉCOSLOVAQUIE

*Publié par les soins*

*de l'Institut tchécoslovaque*

*d'études sociales*

*à l'occasion*

*du congrès international*

*de politique sociale*

*de Prague*

PRAGUE 1924

# LA POLITIQUE SOCIALE *EN* TCHÉCOSLOVAQUIE

Publié par les soins
de l'Institut tchécoslovaque
d'études sociales
à l'occasion
du congrès international
de politique sociale
de Prague

PRAGUE 1924

# AVANT=PROPOS.

Le but de la présente brochure, publiée à l'occasion du Congrès International de Poli=tique Sociale qui doit se réunir à Prague, est avant tout d'exposer sommairement aux con=gressistes étrangers les grandes lignes de la poli=tique sociale suivie par la Tchécoslovaquie. On trouvera particulièrement ici des indications sur les questions qui doivent être traitées à ce congres : la journée de huit heures et son influence sur la vie intellectuelle et morale des ouvriers; la démo=cratisation de l'industrie; la participation des ouvriers dans l'administration des entreprises (Conseils et Comités d'entreprise), enfin le chô=mage et l'émigration qui en est la conséquence.

Il a été nécessaire, en passant, de toucher à certains autres questions de politique sociale que la législation tchécoslovaque a eu à resoudre. Aussi croyons=nous que le présent opuscule donne, sous sa forme succincte, une idée assez exacte de la politique sociale tchécoslovaque considérée dans son ensemble.

# LA POLITIQUE SOCIALE DE LA TCHÉCOSLOVAQUIE.

Par *Jos. Gruber.*

Dans l'assistance sociale, la Tchécoslovaquie a eu, dès les premiers jours de son indépendance, résoudre une de ses tâches les plus importantes et les plus délicates. L'ancienne monarchie des Habsbourgs — ou tout au moins sa partie cisleithanienne — avait laissé sombrer sa législation de la protection et de l'assurance ouvrières dans un marasme presque complet, après une courte période de développement vers 1880. Un projet d'assurances sociales était resté inachevé ; la pénurie des logements se manifestait, dès 1870, comme un phénomène permanent dans les localités et les régions industrielles, par la faute d'une politique fiscale à courte vue et de l'insuffisance des encouragements accordés par l'Etat à l'industrie du bâtiment. Aucun essai ne fut tenté pour réformer l'assistance aux indigents, depuis longtemps notoirement insuffisante. L'Etat s'en remettait aux communs et aux districts du soin de l'assistance médicale, et il ne fut pourvu à l'assistance aux enfants et aux personnes hors d'état de gagner leur subsistance par suite de défauts corporels ou maladies mentales que par la bienfaisance privée.

La guerre mondiale n'a pas seulement accentué, à un très grand degré, les disparités sociales d'avant guerre, elle a fait naître, en outre, un certain nombre de problèmes sociaux entièrement nouveaux. Le démembrement de l'ancienne Autriche-Hongrie a été suivi d'une brusque démobilisation, qui s'est opérée dans le désordre en arrêtant, en même temps, l'activité d'une industrie de guerre très importante, qu'il était impossible d'adapter, immédiatement ou par degrés, aux conditions économiques nouvelles, étant donné le manque des matières premières et de produits semi-ouvrés, la diminution de la production houillère, les difficultés des transports et la désorganisation des changes. Des dizaines de milliers de soldats et prisonniers de guerre rentrant dans leur pays ne trouvaient pas à s'y loger, des centaines de milliers manquaient de travail. Les mutilés et les personnes à leur charge, les veuves des soldats et des prisonniers tués ou morts des suites de leurs blessures attendaient de l'Etat qu'il leur assurât des moyens de subsistance, si modestes soient-ils. Telle était la situation au moment de la libération de la Tchécoslovaquie.

La nouvelle République, constituée sur les principes les plus démocratiques, parvenue à un haut

degré de civilisation et de développement écono=
mique, pleine aussi d'ambitions généreuses en
même temps que consciente de l'importance nu=
mérique et politique de ses classes laborieuses,
désirait s'affirmer comme un Etat très progressiste
au point de vue de la politique sociale, plus pro=
gressiste même que ses voisins proches ou éloignés.

Et, en fait, la politique sociale — au sens le plus
large du mot, en y comprenant également la réforme
agraire — marque, d'un caractère distinctif, la légis=
lation de la République tchécoslovaque. Dési=
reuse de regagner au plus tôt le temps perdu sous
le régime autrichien au cours des dernières décades,
la Tchécoslovaquie a légiféré sur toutes les matiè=
res de la vie économique, et s'est attaquée à tous les
problèmes fondamentaux de la politique sociale.

Il importe de faire, dès l'abord, deux remarques
importantes. La première assemblée législative
tchécoslovaque, pareille en cela à toutes les as=
semblées révolutionnaires de l'histoire, a donné à
certains de ces problèmes des solutions trop rigi=
des. Et en second lieu, l'instabilité de la situation
d'après=guerre a rendu nécessaire le vote renou=
velé de lois ayant un caractère provisoire et dont
on pensait qu'elles n'auraient qu'une très brève
existence. De même, il fallut remanier souvent,
et à brève échéance, d'autres lois et les ajuster à
des circonstances qui s'étaient modifiées. C'est ce

qui explique que le Ministère de la Prévoyance
sociale se soit obligé d'élaborer et de proposer —
au cours des cinq premières années de son exis=
tence — non moins de 157 lois et décrets, qui,
ajoutées à la législation héritée de l'Autriche, for=
ment une charte du travail véritablement impo=
sante et qui réclame déjà impérieusement une
codification méthodique.

La loi sur la journée de huit heures a été l'une
des premières votées par l'Assemblée nationale
tchécoslovaque. »Un travail intense de 8 heures
est plus efficace qu'un travail plus prolongé, effec=
tué par un homme épuisé ; seul un homme sain et
bien portant, un homme que le travail ne tue pas,
mais réjouit, peut travailler avec intensité. Contri=
buons dans la mesure de nos forces à ce que le tra=
vail soit une joie pour l'homme.« Ainsi s'exprimait,
le 16 décembre 1918, le rapporteur de la commis=
sion de politique sociale de l'Assemblée natio=
nale. Les agriculteurs eux=mêmes ne réclamaient
pas une durée plus longue de la journée de tra=
vail, afin de ne pas aggraver la pénurie de la main=
d'œuvre agricole. On s'attendait à des difficultés
dans certaines industries et on comptait y remédier
à l'aide de dérogations et de règlements tempo=
raires, qui devaient être édictés principalement
en faveur de la production agricole. On se pro=
posait en outre d'établir une distinction entre les

travailleurs employés, à titre permanent, en dehors
de la maison de l'employeur, et les personnes
travaillant dans son ménage.

C'est ainsi que la loi sur la journée de huit
heures, votée le 13 décembre 1918 par tous les
partis de l'Assemblée nationale tchécoslovaque
— et non point seulement par les partis ouvriers
— va beaucoup plus loin que la résolution
adoptée à la Conférence du Travail de Washing=
ton. Pour renseignements plus détaillés ,nous
renvoyons le lecteur à un article spécial que l'on
trouvera plus loin.

La Tchécoslovaquie n'a pas hésité à s'attaquer
à la catégorie de travail salarié qui présente les
obstacles les plus difficiles à vaincre pour la tech=
nique législative, à savoir au »travail à domicile«,
c'est=à=dire aux rapports existant entre les entre=
preneurs, les intermédiaires (facteurs), les chefs
d'atelier et les ouvriers en chambre. La loi com=
prend, sous cette dernière dénomination, les tra=
vailleurs qui sont occupés à la production ou au
finissage des marchandises en dehors de l'atelier
de l'entrepreneur, et cela, en règle générale, à leur
domicile respectif, mais que l'on ne peut consi=
dérer toutefois comme des entrepreneurs indé=
pendants, conformément au règlement industriel.
Les principales dispositions de la loi en question
(loi du 12 décembre 1919) sont les suivantes : Les

entrepreneurs et facteurs doivent tenir à jour des listes exactes des ouvriers en chambre employés par eux, ainsi que la comptabilité des commandes livrées, des salaires payés, des prestations fournies, etc. Des conditions de travail et de salaires doivent être affichées dans l'atelier de l'entrepreneur. Pour toutes les industries où se pratique le travail en chambre, le Ministre de la Prévoyance sociale a institué une *Commission centrale*, composée par tiers de représentants des entrepreneurs et des chefs d'atelier, de représentants des ouvriers ainsi que d'experts qui fixe les salaires minima des ouvriers en chambre et des ouvriers d'ateliers, ainsi que les autres conditions, de travail et de livraisons. Dans les industries les plus importantes, il a été créé en outre des *commissions régionales* qui ont à connaître des conflits relatifs aux conditions de travail ou de salaires en s'efforçant de les régler à l'amiable. La loi proclame en outre la validité des contrats collectifs tarifaires dans les industries à domicile ; elle étend l'assurance obligatoire en cas de maladies et l'inspection du travail aux ouvriers en chambre ; elle autorise le gouvernement à interdire la production à domicile de certains articles ou l'emploi de certaines matières premières, etc. Jusqu'à présent, 5 commissions centrales et 26 commissions régionales ont été créées.

Nous ne nous étendrons pas sur certains textes
législatifs de moindre importance, relatifs à la pro=
tection des ouvriers. Il convient cependant de dire
quelques mots de la loi du 12 août 1921, créant
les conseils d'entreprises. A cette époque, carac=
térisée par le début d'une crise économique assez
grave et un recul des illusions ouvrières d'après=
guerre, cette loi apporta aux ouvriers tchécoslo=
vaques — dans une mesure restreinte, il est vrai —
une réforme qui avait été réalisée au cours des
deux années précédentes en Autriche et en Alle=
magne par des lois similaires, et que, en Tchéco=
slovaquie même, les mineurs avaient déjà obtenue
par les lois du 25 février 1920, prévoyant la créa=
tion de conseils d'entreprises et de conseils de
district dans les mines et la participation des mi=
neurs à l'administration et aux bénéfices des en=
treprises minières. L'économie de la loi du 12 août
1921 est exposée dans un article spécial de la pré=
sente publication.

Dans ce groupe des mesures législatives, il faut
ranger également celles créant des tribunaux de
prud'hommes, qui restent limités, pour l'instant,
à l'industrie du bâtiment.

Afin de réglementer le travail dans l'industrie
du bâtiment proprement dite, et dans les entre=
prises fabriquant et transportant les matériaux de
construction, la loi du 11 mars 1921, destinée à

encourager ces industries, a créé des tribunaux de prud'hommes à qui incombe l'interprétation des contrats collectifs du travail, la connaissance des conflits auxquels ceux-ci peuvent donner lieu, la détermination des conditions du travail, et surtout des conditions de salaires, dans la mesure où elles ne sont pas réglées déjà par lesdits contrats collectifs.

De pareils tribunaux ont été créés à Prague (pour la Bohême), à Brno (pour la Moravie et la Silésie), à Bratislava (pour la Slovaquie) et à Užhorod (pour la Russie subcarpathique). Jusqu'ici, ils ont donné toute satisfaction et ont rendu de grands services, en permettant d'éviter un certain nombre de grèves et de lock-outs sur le point d'éclater.

Ainsi qu'il a été dit plus haut, la Tchécoslovaquie a conservé de l'ancien régime l'institution des inspecteurs du travail, chargés de veiller à l'observation des mesures prises pour la protection des ouvriers. Leur activité est réglée dans les pays dits de la Couronne de Bohême (Bohême, Moravie et Silésie) par la loi autrichienne encore en vigueur, en Slovaquie et dans la Russie subcarpathique, par la loi hongroise, mais là avec deux modifications importantes : le contrôle des chaudronneries à vapeur, qui leur était confié sous le régime hongrois, incombe depuis 1919 à un service spécial

de l'Etat ; d'autre part, l'inspection du travail a
été étendue, à l'exemple des pays de la Couronne
de Bohême, à toutes les entreprises de la petite
et de la grande industrie, quel que soit le nombre
de leurs ouvriers et sans distinction entre les
établissements employant une force motrice méca=
nique et les autres. Une unification complète de
l'inspection du travail, en même temps que l'exten=
sion de sa compétence à toutes les branches du
travail salarié ou à peu près, sera réalisée par une
loi nouvelle qui se trouve actuellement à l'étude.
Les comptes=rendus annuels de l'activité des ins=
pecteurs du travail, qui paraissent régulièrement,
fournissent des indications précieuses pour l'étude
de la vie économique et sociale tchécoslovaque.

A côté de la législation protectrice des ouvriers,
les assurances sociales constituent un des piliers
fondamentaux de la politique sociale.

En cette matière, la République tchécoslovaque
a hérité du régime autrichien d'une assurance en
cas d'accidents et de maladie pour les ouvriers
industriels et d'une assurance contre l'invalidité
et la vieillesse pour les employés de commerce.
La tâche qui incombait à la Tchécoslovaquie, con=
sistait tout d'abord à réaliser une séparation com=
plète avec les établissements d'assurances de l'an=
cienne Autriche et de l'ancienne Hongrie, puis
d'unifier, de réformer et de compléter la législation

de l'assurance sociale, particulièrement de l'assu=
rance en cas de vieillesse et d'invalidité, qui
n'existait en Autriche que pour les employés de
commerce. Il était d'autant plus urgent de résou=
dre ces problèmes que la Tchécoslovaquie — du
fait de la densité de sa population, supérieure à
la moyenne autrichienne, et de son haut degré
de développement industriel — assumait les trois
quarts de l'activité totale de l'ancien ministère
autrichien de la Prévoyance sociale.

La séparation s'est faite de la manière suivante :
l'assurance en cas d'accidents pour les mineurs
était jusqu'alors pratiquée par la *Caisse d'assu=
rances des mineurs* de Vienne, bien que la pro=
duction minière fût presque exclusivement limi=
tée, dans l'ancienne Autriche, à la région du Nord
de la Bohême et à celle du Nord de la Moravie ;
elle fut transférée aux Caisses provinciales *d'assu=
rances ouvrières* de Prague et de Brno. L'assuran=
ce en cas d'accidents pour les employés des che=
mins de fer, qui était jusqu'alors pratiquée par la
*Caisse d'assurances en cas d'accidents pour les
employés des chemins de fer autrichiens*, fut
remplacée, en ce qui touche les employés des
chemins de fer de l'Etat, des provinces et de cer=
taines compagnies privées, par une assurance
tchécoslovaque particulièrement avantageuse. Les
retraites des employés de commerce furent con=

fiées à une *Caisse générale des retraites*, créée à Prague en décembre 1918. Au mois de septembre 1919, les lois sur les assurances ouvrières furent étendues à la Slovaquie et à la Russie subcarpa= thique et une *Caisse provinciale fut créée* à Bra= tislava. Ce domaine de la législation sociale tché= coslovaque étant traité d'une façon détaillée dans un article qu'on lira plus loin, nous y renvoyons le lecteur.

L'exécution de la réforme agraire, c'est=à=dire l'expropriation et le lotissement de propriétés foncières dépassant une certaine étendue, a amené l'Etat à pourvoir à la subsistance des employés des domaines morcelés et à assurer le paiement des pensions dues aux employés retraités. Une loi a créé, en 1922, un fonds spécialement destiné à cet objet.

L'Etat s'est efforcé également de protéger les intérêts des citoyens tchécoslovaques bénéficiant d'indemnités versées par des compagnies étran= gères d'assurance en cas d'accidents, et, jusqu'à ce que ces questions soient définitivement réglées par des accords internationaux, on leur verse des avances suffisantes, et au besoin on les aide contre les dommages résultant de la baisse des changes étrangers.

Il a fallu également pourvoir à l'assistance aux invalides de guerre et aux personnes à leur charge.

En Autriche, le gouvernement laissait ce soin à des institutions privées, en négligeant même, jusqu'au dernier jour, de subventionner ces initiatives pri= vées. La Tchécoslovaquie, ayant proclamé que l'assistance aux invalides est une des tâches élé= mentaires de l'Etat, a dû jeter elle=même les bases fondamentales de cette institution. La loi du 8 avril 1919 a donné une définition de l'invalidité et proclamé le devoir de l'Etat de venir en aide aux invalides. Auparavant déjà une liste avait été dressée de tous les invalides de guerre tchéco= slovaques, d'abord dans le pays, puis à l'étranger. Des commissions spéciales furent chargées d'exa= miner les personnes qui se présentaient devant elles comme invalides de guerre, et, la même année, des *Offices provinciaux d'assistance aux invalides de guerre* furent créées à Prague, à Brno et à Brati= slava, et un certain nombre d'*Offices de district* leur furent subordonnés. Au début de 1920, une loi détermina le montant des pensions des invali= des de guerre, qui leur sont versées actuellement aux lieu et place des anciens secours provisoires. La vie chère et la baisse du change obligèrent d'ailleurs bientôt à y ajouter des allocations de vie chère, qu'il fallut renouveler à plusieurs reprises.

L'Etat ne se contente pas, bien entendu, de verser aux mutilés des pensions. Il veut encore que les invalides de guerre redeviennent des membres utiles de la société et que leur existence soit assurée d'une açon durable. En cette matière, l'assistance procède par des voies diverses, vu les différences qui existent entre les diverses catégo= ries d'invalides (infirmités, maladies internes, maladies mentales), les veuves et les orphelins. On les soumet à des traitements médicaux com= plémentaires, on leur procure des prothèses, on les instruit dans des cours professionnels et on leur réapprend leur occupation antérieure ou toute autre moins difficile. Les aveugles et les autres per= sonnes affligées d'une invalidité grave, ainsi que les veuves de guerre, obtiennent des bureaux de tabac et des prêts sans intérêt leur permettant de s'établir; on leur achète des maisonnettes pou= vant abriter une petite exploitation agricole ou une petite industrie; les coopératives d'invalides obtiennent l'autorisation d'exploiter un cinéma, etc. Le tableau suivant montre, en chiffres ronds, le nombre considérable d'existences dont il s'agit.

|  | Inva= lides | Veuves | Orphe= lins | Ascen= dants | Total |
|---|---|---|---|---|---|
| Bohême . . . . | 130 000 | 80.000 | 144.000 | 36.000 | 390.000 |
| Moravie et Silésie | 61.000 | 27.000 | 78.000 | 26.000 | 162.600 |
| Slovaquie . . . | 75.000 | 29.000 | 52.000 | 22.000 | 148.000 |
| Total . . . . . | 236.000 | 136.000 | 244.000 | 84.000 | 701.400 |

*Le chômage* a nécessité également des mesures législatives spéciales. Elles sont traitées d'une manière détaillée dans un article qu'on trouvera plus loin.

Le placement des ouvriers, mesure préventive contre le chômage, n'est organisé sous la forme d'un service public — à côté des bureaux de placement des syndicats et autres — qu'en Bohême, où il existe depuis 1903 (Bureau central à Prague et bureaux de districts en province). En 1921, le cabinet d'affaires alors au pouvoir a déposé sur le bureau du Parlement un projet de loi réglementant le placement des ouvriers en conformité des recommandations de la Conférence du travail de Washington.

La Tchécoslovaquie consacre des sommes considérables à la question du logement. La crise des logements était un mal chronique dans l'ancienne Autriche, surtout dans les villes et les centres industriels, malgré toutes les mesures législatives prises pour l'enrayer, notamment après 1907 ; celles-ci d'ailleurs restèrent toujours timides et se heurtèrent à une politique fiscale étroite. Après la libération nationale ce malaise prit sur le territoire tchécoslovaque les proportions d'une véritable calamité, heureusement passagère. Des milliers de familles tchèques établies à Vienne, celles notamment des fonctionnaires tchèques entrés au service de l'Etat nouveau, s'établirent en Tchécoslovaquie avec un grand nombre de commerçants et d'industriels; cette foule fut grossie encore par les ressortissants tchécoslovaques venus du reste de l'Autriche, d'Allemagne, de Russie, d'Améri= que, ainsi que par le retour des légionnaires tché= coslovaques, le rapatriement des prisonniers de guerre, etc. D'autre part, les villes furent envahies par un flot d'enrichis arrivant des campagnes. Enfin, il fallut installer à Prague de nombreux bureaux et établissements nouveaux, des ministères, des légations et des consulats, qui durent occuper provisoirement des bâtiments déjà existants. Les grands établissements financiers et industriels, les sociétés commerciales, qui, après la libération na= tionale, se hâtèrent de transférer leur siège sur le territoire tchécoslovaque, ne se procurèrent pas, eux non plus, les locaux nécessaires en faisant construire des bâtiments nouveaux, mais en ache= tant des constructions déjà existantes, des hôtels, des maisons locatives, etc. Il convient d'ajouter que les frais de construction s'étaient considéra= blement accrus par rapport au temps de paix: de 8 à 10 fois en 1919 et de 13 à 16 fois en 1920.

Le gouvernement se préoccupa tout d'abord de protéger les locataires contre les congés signi= fiés sans motif grave et les augmentations immo= dérées des loyers; il édicta à cet effet un certain nombre de mesures groupées sous le nom de »protection des locataires«; il s'efforça, en outre, de donner, à ceux qui étaient sans logement, la possibilité d'en trouver un, grâce à l'utilisation la plus rationnelle possible de tout local habitable, en autorisant, en certains cas, la confiscation des logements disponibles par les communes, mesure dont le complément naturel fut la limitation du droit pour les locataires de se domicilier dans les communes autorisées à procéder à ces confisca=tions. Ces deux mesures, de caractère négatif, étaient considérées comme devant être passa=gères.

La confiscation des logements disponibles, où des locataires purent être placés, le cas échéant, contre le gré du propriétaire, prit fin vers le milieu de l'année 1921, non sans avoir causé quel=ques inconvénients d'ordre hygiénique et mo=ral. Une seule exception fut maintenue en vigueur, autorisant l'administration publique à réserver à des fonctionnaires de l'Etat les logements ren=dus disponibles par suite du déplacement d'autres fonctionnaires. Les dispositions relatives à la pro=tection des locataires subissent d'ailleurs une at=ténuation progressive, par le fait que l'on a admis une extension des motifs autorisant le proprié=taire à résilier le contrat de location, ainsi qu'une augmentation graduelle des loyers.

Cependant l'Etat ne s'est pas borné à ces me=sures de caractère négatif: il a voulu encore en=

courager la construction d'immeubles nouveaux. En cette matière, il a pris, dès 1921, des déci= sions très étendues. Par la loi relative à l'en= couragement de l'industrie du bâtiment, dont la validité a été prorogée à plusieurs reprises, l'Etat s'est engagé, en premier lieu, à payer l'in= térêt et l'amortissement de la partie des frais de construction qui ne pourrait pas être couverte, selon toute vraissemblance, par le montant du loyer tel qu'il devait être fixé d'une façon du= rable; d'autre part, la loi admet une autre forme de subvention, consistant en une somme versée une fois pour toutes ou répartie en 25 tranches annuelles; enfin, elle autorise des prêts ordinai= res pour encourager la construction des loge= ments destinés aux fonctionnaires de l'Etat. Les lois antérieures à 1921 ne subventionnaient que les communes, les districts, les départements et les coopératives de construction déclarées d'uti= lité publique. A partir de 1921, elles accordent également des subventions aux particuliers, dans une plus faible mesure il est vrai, mais avec de moindres restrictions du droit pour le proprié= taire de disposer des immeubles construits.

Le nombre des devis présentés aux autorités com= pétentes à l'effet d'obtenir les avantages précités, s'élevait à la fin des cinq premières années d'exi= stence de la République tchécoslovaque, à 20.985, comportant 48.780 logements et nécessitant une dépense totale de 3,663.766 millions de couronnes.

Il nous reste encore à dire quelques mots de l'assistance aux enfants. Sous le régime autrichien, celle=ci était confiée aux autorités locales et à la bienfaisance privée. Le territoire tchécoslovaque s'était couvert d'un réseau compact d'institutions ayant pour but de préparer à la nation une jeu= nesse saine et forte. Après la libération nationale, il fallut réorganiser ces institutions en leur four= nissant un concours financier, en les complétant et en les perfectionnant.

La loi du 19 décembre 1918 relative à la jour= née de huit heures interdisait déjà d'employer à des travaux salariés, et cela même dans l'agricul= ture et la sylviculture, les enfants n'ayant pas at= teint l'âge de 14 ans et n'ayant pas achevé leurs études primaires. Au mois de juillet 1920, une autre loi réglementa le travail des enfants dans les entreprises et les ménages de leurs parents. Une loi datant de juin 1921, enfin, soumet à la surveillance publique tous les enfants qui se trou= vent placés sous l'autorité de personnes étrangè= res, c'est=à=dire autre que celle de leurs propres parents; les enfants naturels y sont assujettis même s'ils sont élevés par leurs mère ou père naturels. L'Etat s'est réservé, en outre, d'exercer un con= trôle sur tous les établissements et instituts s'oc=

cupant d'assistance à la jeunesse (assistance aux nourissons et aux mères, aux enfants arriérés, sourds=muets, aveugles, estropiés, à la jeunesse corrompue ou menacée de la corruption morale, aux orphelins et à l'enfance abandonnée, etc.).

Sur le territoire autrefois hongrois de la Tché= coslovaquie, on trouva déjà organisées, confor= mément à des lois datant de 1901, quelques *Mai= sons des enfants* et quelques établissements de l'Etat ou subventionnés par l'Etat pour l'enfance abandonnée, pour enfants sourds=muets et aveu= gles ; on en trouva notamment dans la Slovaquie orientale et dans la Russie Subcarpathique, et il est malheureusement certain qu'ils y poursuivaient, en dehors de leur but charitable, des desseins de magyarisation. Après la libération nationale, ils ont eté placés sous l'administration tchécoslo= vaque, qui les a trouvés souvent dans un état fort précaire. Ils sont réorganisés à présent, en ce qui concerne le personnel aussi bien que l'installation, et un certain nombre d'établissements nouveaux ont été ouverts, notamment pour les enfants aveu= gles et corrompus. Malgré les progrès déjà accom= plis, il reste encore beaucoup à faire sur ce terrain.

Il serait injuste de passer sous silence les servi= ces rendus à l'administration publique, principale= ment en ce qui touche l'assistance aux enfants, aux émigrants et aux nécessiteux, par la Croix=

Rouge tchécoslovaque, qui non seulement se tient
prête pour l'éventualité d'une guerre, mais a, par
ses institutions de paix, efficacement secondé l'Etat
dans son œuvre charitable.

La législation et l'administration publique trou=
vent en outre, dans leur œuvre sociale, un appui
scientifique auprès de l'Institut tchécoslovaque
d'études sociales, créé en 1920.

L'assistance sociale s'étend en Tchécoslovaquie,
on le voit, aux domaines les plus divers, et elle
a obtenu déjà des résultats qui sont loin d'être
négligeables. La Tchécoslovaquie rivalise d'ému=
lation avec les Etats les plus progressistes de
l'Europe en tout ce qui concerne la protection
des ouvriers, les assurances sociales, l'assistance
aux sans=travail, aux invalides de guerre, aux en=
fants, aux indigents, la lutte contre la crise des loge=
ments, etc. En certaines matières de la politique
sociale, ses lois vont bien au=delà des exigences
des conventions internationales. Mais, elle ne veut
pas s'arrêter en si bonne voie; elle sait que le pro=
grès — dans les limites compatibles avec la pros=
périté économique du pays — doit être incessant.
»S'arrêter en pareille matière, ce serait marquer une
réaction que nos ouvriers ne pourraient tolérer,
étant donné leur instruction développée, leur ni=
veau d'existence élevé, leur conscience de classe et
leur influence politique,« écrivions=nous dès 1921.

La meilleure condition du sucscès serait la con=
centration de toute l'œuvre d'assistance ainsi que
de la politique sociale dans un seul ministère qui,
à côté des services actuels, y joindrait encore l'as=
sistance médicale et sociale aux ouvriers agricoles
et aux mineurs.

———

# LA JOURNÉE DE HUIT HEURES EN TCHÉCOSLOVAQUIE.

Par *Eugène Štern.*

Près d'un quart de siècle s'est écoulé depuis que M. Masaryk a professé et publié l'ouvrage intitulé *La légitimité et l'utilité de la journée de huit heures*, ouvrage apportant des arguments scientifiques à l'appui de cette revendication sociale réclamée par les mineurs alors en grève. Et c'est la veille de son retour au pays libéré, pour l'indépendance duquel M. Masaryk avait travaillé à l'étranger durant toute la guerre, que l'Assemblée Nationale tchécoslovaque, désireuse de rendre hommage et de souhaiter dignement la bienvenue au fondateur et au premier Président de la République, a voté à l'unanimité, sur la proposition du bloc socialiste, la loi sur la journée de huit heures. Du haut de la chaire universitaire, le professeur Masaryk n'avait cessé de proclamer que la *question tchèque était une question sociale*, que cette nation de 10 millions devait accroître son importance en relevant la *qualité* de chacun de ses citoyens au moyen de la politique sociale. Par le vote unanime de la loi citée (loi du 19 décem=

bre 1918, N° 91 du Bulletin des lois et décrets,
suivie du règlement d'administration publique
du 11 janvier 1919, N° 11 du Bulletin des lois
et décrets et de l'arrêté du 21 mars 1919,
N° 4751/III du Ministère de la Prévoyance Soci=
ale), l'Assemblée Nationale Révolutionnaire a
manifesté que la libération nationale devait être
le point de départ d'une époque nouvelle dans
la vie de la classe ouvrière en Tchécoslovaquie.

Les lois autrichiennes jusqu'alors en vigueur
fixaient la journée à 11 heures, plus une heure de
travail supplémentaire uniquement pour les ou=
vriers des usines, c'est=à=dire des établissements
employant plus de 20 personnes dans un seul
atelier; ces lois fixaient d'autre part la journée de
travail à neuf heures pour les mineurs, mais ad=
mettaient, en cas de nécessité, jusqu'à trois heures
de travail supplémentaire. Il n'y avait point de
dispositions légales en ce qui concerne les autres
catégories de travailleurs. Les mineurs et les ou=
vriers de quelques industries particulièrement
développées, comme l'industrie métallurgique,
avaient obtenu, il est vrai, au moyen de contrats
collectifs, la journée de huit heures. Par contre, il
y avait des établissements industriels dont le per=
sonnel travaillait en deux relèves de douze heu=
res chacune; et les ouvriers habitaient jusqu'à trois
heures de distance de l'usine.

Il n'est pas inutile de citer quelques-unes des stipulations les plus importantes de la loi de huit heures. Pour tous les salariés travaillant hors du ménage de l'employeur, la durée effective du travail est fixée à huit heures par jour ou à quarante-huit heures par semaine ; pour quelques industries énumérées dans le règlement d'administration publique, elle est fixée à 192 heures par période de quatre semaines. Les employeurs et les employés sont libres de fixer, par un accord, la répartition journalière ou hebdomadaire du total indiqué des heures de travail.

Les autorités compétentes (en l'espèce, les inspecteurs du travail) accordent la permission de faire des heures supplémentaires en vue de l'exécution des travaux urgents et saisonniers (industries agricoles, industrie du bâtiment, établissement des bilans, etc.), ainsi qu'à l'occasion de sinistres ou pour tout autre motif de caractère exceptionnel. Les travaux supplémentaires doivent toutefois être payés à part, suivant un accord à intervenir entre les parties ; ils ne doivent pas durer plus de deux heures par jour ni dépasser 20 semaines ou 240 heures par an.

De plus, la loi introduit le principe de la semaine anglaise en Tchécoslovaquie en stipulant qu'au moins une fois par semaine un repos d'une durée de 32 heures consécutives, tombant autant que possible le dimanche, doit être accordé aux ouvriers des établissements, où les conditions techniques de la production le permettent. Pour les femmes (en dehors de huit cas d'exception énumérés dans le règlement d'administration publique), ce repos doit commencer samedi à 14 heures au plus tard. Dans les établissements à exploitation ininterrompue, le repos hebdomadaire individuel doit tomber le dimanche au moins toutes les trois semaines.

De plus, la loi contient des stipulations interdisant partiellement le travail de nuit et protégeant les femmes et les travailleurs adolescents. Le travail de nuit, à savoir de 20 heures à 5 heures, n'est permis que dans les établissements à exploitation continue ou dans les cas où les besoins de la population, l'intérêt public, ou une réfection urgente de l'outillage l'exigent. Ne peuvent être occupés au travail de nuit que des travailleurs de sexe masculin âgés de plus de seize ans ; conformément à la convention de Washington sur le travail de nuit pour les adolescents, cette limite sera portée à 18 ans.

Les femmes ne peuvent être aux travaux de nuit que dans les établissements énumérés dans les décrets, tels que théâtres, hôpitaux, administrations des journaux, etc. ; elles doivent avoir dépassé l'âge de 18 ans.

Les adolescents de sexe masculin âgés moins de seize ans et ceux de sexe féminin âgés de moins de 18 ans ne peuvent être occupés qu'à des travaux faciles et non préjudiciables à leur développement physique. Il est interdit d'employer les femmes à des travaux exécutés en sous-sol.

Pour les personnes employées dans les familles agricoles et citadines, c'est-à-dire pour les valets de ferme et les domestiques occupées au service personnel de l'employeur et engagées pour plus d'un mois, un repos de 12 heures sur 24 est prévu ; sur ces douze heures, huit heures au moins doivent être réservées à un repos de nuit ininterrompu, une demi-heure au moins au repos de midi. Une fois par semaine, un repos de 18 heures consécutives doit leur être accordé, pour qu'ils puissent disposer librement de l'après-midi de dimanche ou d'un repos équivalent pendant la semaine. Ce sont là les principales stipulations de cette loi très importante.

La question se pose de savoir quels sont les effets de cette loi, dont la portée est si grande. Nous dirons tout de suite qu'en ce qui concerne la protection de la femme et du travailleur adolescent et à l'interdiction du travail de nuit, la loi est très exactement observée dans la pratique — à part de rares exceptions — car les inspecteurs du travail et les organisations ouvrières contrôlent attentivement l'exécution de ces stipulations.

On se demandera si la journée de huit heures est observée dans l'agriculture, car la loi concerne les ouvriers agricoles, aussi bien que ceux de l'in= dustrie, à l'exception des valets de ferme. Avant tout, il convient d'expliquer l'origine de cette uniformité. Au cours de la discussion des lois à l'Assemblée Nationale révolutionnaire, M. Lev Winter, député socialiste et, à cette époque, Mi= nistre de la Prévoyance Sociale, qui, à la com= mission de politique sociale, montrant les diffé= rences essentielles existant entre la production agricole et la production industrielle, demanda que dans l'agriculture également la journée de huit heures fût prise pour base de la fixation des salaires, mais que des dispositions spéciales fussent adoptées pour la production agricole. On vivait alors à une époque d'enthousiasme général, provoqué par la libération nationale, et c'est pourquoi le représentant du parti agrarien prit la parole pour déclarer que toutes les libertés et droits dont bénéficiaient les habitants des villes, devaient être accordés également à la population rurale, et que par conséquent les dispositions concernant les ouvriers de l'industrie devaient être applicables en même temps aux ouvriers agricoles. C'est ainsi que le principe de la journée de huit heures fût étendu à l'agriculture, le tra= vail pouvant y être réparti librement dans les

limites de 192 heures par période de quatre se=
maines. L'obligation pour l'employeur de réclamer
d'avance l'autorisation de faire faire des heures
supplémentaires à ses ouvriers s'applique aussi
à l'agriculture. Cependant, dans l'agriculture,
cette formalité n'est pas observée; les organi=
sations des ouvriers agricoles concluent avec les
groupements patronaux des contrats collectifs
valables pour l'ensemble du pays, et par les=
quels les ouvriers s'engagent à travailler — dans les
limites légales : 192 heures par quatre semaines
et 240 heures supplémentaires par an — pendant
le nombre nécessaire d'heures par jour (notam=
ment pendant la récolte) sans qu'il soit besoin de
solliciter une autorisation officielle.

D'ordinaire les ouvriers agricoles ne deman=
dent un taux de salaire plus élevé qu'à partir de
la onzième heure de travail par jour. On voit
qu'en ce qui concerne l'agriculture, la pratique
a quelque peu modifié la loi. Cependant, celle=ci
fournit un appui aux ouvriers pour la négociation
des contrats collectifs et la fixation du taux des
salaires pour les heures supplémentaires. Comme
il a déjà été dit, les contrats collectifs dans l'agri=
culture sont valables pour l'ensemble du pays.

Dans les grandes villes, grâce à la bonne orga=
nisation des employés de commerce, la loi sur la
journée de huit heures est observée presque sans

exception dans tous les établissements de com=
merce occupant un nombre assez élevé d'em=
ployés.

Cependant, c'est de la production industrielle
qu'il s'agit avant tout, et c'est de cette dernière
que s'occupe exclusivement la Convention inter=
nationale de Washington. Il va de soi que dans
les petits ateliers, où le patron travaille lui=même
avec ses ouvriers, notamment en province, la loi
est souvent enfreinte. Ce qui importe toutefois,
c'est que *la loi soit observée dans les entreprises
moyennes et grandes, dans les usines;* et là, il
faut constater — et les rapports officiels des in=
specteurs du travail le confirment — *que l'on se
conforme à la loi.* Ce résultat heureux est dû en
grande partie au moment choisi pour introduire
la loi, qui a coïncidé avec une grave crise écono=
mique, se manifestant par une pénurie de matières
premières et, dans la suite, par une crise des dé=
bouchés, qui ont empêché un plein développe=
ment de la production.

Grâce au contrôle rigoureux des inspecteurs du
travail qui, de 1919 à 1921, ont souvent frappé
d'amendes les entreprises où l'on a travaillé plus
de huit heures sans autorisation, et grâce aussi
à l'influence des organisations syndicales, on a pu
obtenir que, à quelques exceptions près, les entre=
prises industrielles moyennes et grandes ne tra=

vaillent plus de huit heures par jour que sur la base d'autorisations en bonne et due forme ; la statistique relative au travail supplémentaire montre que, par suite de son élasticité, la loi a donné des résultats satisfaisants, et que la production s'y est fort bien adaptée. Car, bien que l'on ait donné suite à presque toutes les demandes d'autorisation d'effectuer des heures supplémentaires, la statistique atteste que les établissements industriels n'ont profité que dans une faible mesure des avantages de l'article 6, admettant deux heures de travail supplémentaire pendant 120 jours dans le courant de l'année. Nous donnerons ici la statistique relative à l'année 1921, pendant laquelle l'exportation tchécoslovaque a pu dépasser de beaucoup l'importation, par suite de la baisse du cours de la couronne tchécoslovaque.

En 1921, des autorisations de travail supplémentaire ont été accordées à 1262 entreprises industrielles, occupant 209.000 travailleurs, dont 75.000 ont travaillé plus de huit heures, de sorte que le total du travail supplémentaire s'est élevé à 360.000 jours de travail, soit 60.000 semaines de travail. Etant donné que le nombre total des entreprises industrielles de Tchécoslovaquie était de 500.000 en chiffres ronds, avec environ 1,500.000 travailleurs, l'autorisation du travail supplémen taire n'a été demandée, en 1921, que par $^1/_4\,^0/_0$ du nombre total des entreprises industrielles, pour $5^0/_0$ du nombre total des travailleurs.

La journée de huit heures a été réalisée par la démocratie républicaine, dont elle constitue un des fondements essentiels. Je ne crois pas que sans la journée de huit heures, les ouvriers puissent prendre une part active à l'administration des intérêts locaux et fournir ainsi un appui efficace à leurs représentants au Parlement et au gouvernement. L'institution de la journée de huit heures a développé chez les ouvriers tchécoslovaques non seulement une activité politique, syndicale et coopérative intense, mais aussi une très vive activité intellectuelle et sportive. A ce sujet, nous avons envoyé au Bureau International du Travail un matériel statistique très étendu qui peut servir de documentation à la question des loisirs ouvriers[*]).

La journée de huit heures a, pour ainsi dire, passé dans les mœurs en Tchécoslovaquie ; dans le sentiment du peuple, elle est devenue partie intégrante du nouveau système républicain. Etant donné le développement de l'industrie et le niveau intellectuel de la classe ouvrière de ce pays, le principe

---

[*]) Voir la *Revue Internationale du Travail*, numéro de juillet 1924, ainsi qu'un article de M. Procházka dans la présente publication.

de la journée de huit heures y est très solidement établi.

Dans la seconde moitié de 1922 et au cours de 1923, la vie économique tchécoslovaque a traversé une grave crise des débouchés. Cette crise avait été déterminée par la consolidation financière du pays, qui avait eu pour suite une hausse rapide de son change, coïncidant avec une baisse des changes des pays voisins, particulièrement de l'Allemagne et de l'Autriche, qui sont ses principaux concurrents industriels. La politique inflationniste de ces Etats a paralysé pendant longtemps les exportations tchécoslovaques, ce qui a amené une sensible aggravation de la crise du chômage.

On comprend qu'à cette époque, des protestations et des plaintes aient été élevées contre la journée de huit heures. De certains côtés, on réclamait une diminution des frais de production par le moyen d'une prolongation de la durée du travail. Ces revendications n'ont trouvé cependant aucun écho au Parlement, où les partis ouvriers font partie du gouvernement de coalition. On s'est efforcé de résoudre la crise des débouchés au moyen d'un abaissement des prix des objets de première nécessité sur le marché intérieur, abaissement qui correspondait d'ailleurs à la hausse du change et au perfectionnement progressif de l'outillage industriel.

Dans la seconde moitié de l'année 1923, la po=
litique d'inflation en Allemagne ayant atteint son
point culminant, l'industrie tchécoslovaque a re=
trouvé sa capacité de concurrence et le chômage
a commencé à diminuer. Mais là, l'adversaire ex=
térieur de notre journée de huit heures est reparu
sur la scène : l'Allemagne a prolongé la durée du
travail dans son industrie. Pour l'instant, ce fait
n'exerce en Tchécoslovaquie qu'une influence
d'ordre psychologique. Il a déjà provoqué une
série de conflits entre employeurs et employés au
sujet de l'interprétation des différentes disposi=
tions de la loi sur les huit heures. Du côté patro=
nal, on se demande si l'Allemagne, une fois que
la journée de 9 et 10 heures adoptée comme règle
dans son industrie, ne menacera notre capacité de
concurrence au moyen de ce *dumping* social.

Ainsi, nous ressentons vivement la nécessité
d'une réglementation internationale de la durée
du travail. La journée de huit heures dans les
principaux Etats industriels doit être une institu=
tion internationale, sinon elle n'est qu'une source
de conflits incessants.

Nous avons le droit de souligner ce fait, car
dès 1921 la Tchécoslovaquie a ratifié la Conven=
tion de Washington sur la durée du travail dans
l'industrie et elle l'observe scrupuleusement. Elle
l'a ratifiée dans l'espoir d'être suivie dans cette

voie par les autres Etats industriels, qui, comme elle, ont reconnu la légitimité de ce principe, formulé dans le traité de Versailles, et ont approuvé sans réserve la Convention de Washington à la première Conférence Internationale du Travail. D'ailleurs, dès avant la Conférence de Washington, les principaux de ces Etats avaient introduit le principe de la journée de huit heures dans leur législation ou dans la pratique.

*Nous sommes résolus à maintenir le principe de la journée de huit heures, mais nous demandons, pour la sauvegarde de notre vie économique, que dans cette question universelle, la solidarité internationale soit observée et que les engagements internationaux soient respectés.*

# LES LOISIRS DES OUVRIERS EN TCHÉCOSLOVAQUIE.

Par *Vladimír Procházka.*

La loi sur la journée de huit heures a assuré de longs loisirs aux ouvriers. Aucun homme préoccupé des questions sociales ne peut se dés= intéresser de la question de l'emploi qui est fait de ces loisirs par les ouvriers. Comme on sait, cette question a été le premier point traité par la Conférence internationale du Travail qui a eu lieu en 1924, de sorte qu'elle a donné lieu à de nombreuses enquêtes. Pour la Tchécoslovaquie l'enquête a été faite par les soins de *l'Institut Social de la République tchécoslovaque*, qui a en= voyé au Bureau international du travail, à ce sujet, une longue étude, dont nous reproduisons ici brièvement les idées essentielles.*)

Pour que l'ouvrier puisse utiliser ses heures de loisirs, *il doit être garanti contre une pro= longation de la journée de travail*. Contre l'em= ployer, la garantie des heures de loisirs est assurée par la loi sur la journée de huit heures et par

---

*) Un extrait de cette étude a été publié dans la „*Revue Internationale du Travail*" (vol. IX, N° 6, juin 1924).

l'inspection du travail. Mais la loi peut=elle laisser aux ouvriers la liberté d'employer leurs loisirs, leur journée de huit heures accomplie, à un tra= vail rétribué et aller ainsi à l'encontre du but qu'on s'était assigné ?

La législation tchécoslovaque s'en tient à un point de vue moyen: elle n'interdit pas formelle= ment à l'ouvrier de se livrer à un travail salarié pendant ses heures de loisirs; elle vise indirecte= ment à l'amener à observer la loi de huit heures. L'article 2 de cette loi (du 19 décembre 1918, N° 91 du *Bulletin des lois et décrets)* stipule en effet ce qui suit:

> Il est interdit à l'employeur de donner au salarié occupé dans son établissement du travail à exécuter à domicile, et de prolonger ainsi la durée du travail fixé dans l'art. 1er de la loi.

Les lois sur les congés accordés aux ouvriers et aux employés complètent les dispositions de la loi sur la journée de huit heures. Ces congés doi= vent avant tout conserver leur raison d'être, qui est de servir à la réparation des forces du salarié et d'empêcher ceux qui en bénéficient d'en faire un mauvais usage en se livrant à un travail rétri= bué. La loi autrichienne d'avant=guerre sur le statut des employés de commerce (du 13 janvier 1910, N° 20 du *Bulletin des lois)*, la seule des anciennes lois accordant des vacances payées aux salariés, ne contient aucune disposition relative au travail rétribué accompli pendant le congé. Par contre, cette question est résolue dans la loi tchéco=slovaque du 1ᵉʳ juillet 1921, N° 261 sur l'octroi de congés payés aux mineurs travaillant sur les gise=ments des minerais réservés à l'Etat. Suivant cette loi, les ouvriers et les ouvrières occupés dans les ex=ploitations minières et les établissements qui en dé=pendent ont droit, après un travail ininterrompu d'un an dans un même district minier, à un congé payé pour réparer leurs forces : 5 jours sont ac=cordés au salarié travaillant de un à cinq ans le district, 7 jours de 5 à 10 ans, 10 jours de 10 à 15 ans, 12 jours au=dessus de 15 ans. Les di=manches et les jours fériés sont comptés dans le temps du congé et sont également payés.

La loi vise indirectement à empêcher que les congés ne soient utilisés pour l'exécution de tra=vaux salariés. En effet, son article 8 porte :

> »La rémunération afférente aux jours de congé ne sera pas accordé pour les journées qu'un ouvrier en congé emploierait à un travail rétribué au service d'une personne étrangère.«

Pour les autres catégories de salariés un projet de loi est en préparation. Il prévoit qu'un congé payé sera accordé après un an de travail ininter=rompu dans un établissement à tous les salariés assujettis à la loi sur les assurances en cas de

maladie. La durée du congé sera de 6 jours par
an de 1 à 10 ans de travail ininterrompu et de 12
jours au=delà de ce temps de travail. Les salariés
adolescents (de moins de 18 ans) ont droit à un
congé payé d'une durée de 10 jours par an après
6 mois de travail ininterrompu dans la même
entreprise. L'article 10, alin. 2 de ce projet vise
également à empêcher indirectement l'utilisation
des loisirs dont le salarié dispose pendant son
congé pour l'exécution de travaux rémunérés.

> »La rémunération prévue ci=dessus ne sera pas
> payée aux personnes qui ont fourni pendant leur
> congé un travail salarié pour des personnes étran=
> gères; l'employeur a le droit, après constatation du
> cas, de déduire du salaire de l'employé la somme
> à lui versée pour la durée de son congé.«

La plus grande partie des contracts collectifs
comprennent également des stipulations relatives
aux congés. Cependant, autant que nous le sa=
chions, ces contracts n'interdisent pas aux sala=
riés d'exécuter, pendant leur congé payé, un tra=
vail rétribué soit chez un autre employeur, soit
dans l'établissement où ils sont occupés.

Si la loi contient des dispositions contre une
infraction intentionnelle de la loi de 8 heures par
l'ouvrier lui=même, il existe un certain nombre
de causes qui abrègent ses loisirs sans qu'il y ait
de sa faute. Parmi ces causes, il faut mentionner

en premier lieu *l'éloignement du logement des ouvriers du lieu du travail et, d'une façon générale, la crise des logements.* Pour y parer, un certain nombre de mesures ont été prises en Tché=coslovaquie. Les chemins de fer de l'Etat s'effor=cent autant que possible d'adapter les horaires aux conditions du travail et de satisfaire aux desiderata des ouvriers par la formation de trains ouvriers spéciaux; des conditions avantageuses sont en outre accordées aux ouvriers pour se rendre au travail et en revenir, ainsi que pour se rendre au bureau de placement.

D'autres mesures, plus importantes encore, ont été prises dans une autre direction: en vue de pallier directement à la crise des logements, qui a atteint son point culminant vers la fin de la guerre.*) Parmi ces mesures, il faut mentionner, en premier lieu, l'appui financier accordé par l'Etat pour encourager la construction. (Lois du 11 mars 1921, N° 100 du Bulletin des lois et décrets; du 27 janvier 1922, N° 45 du Bulletin des lois et décrets; du 25 janvier 1923, N° 35 du

---

*) Nous ne pouvons ici nous étendre sur ces mesures; nous renvoyons le lecteur aux publications du Bureau International du Travail: *Les problèmes du logement en Europe depuis la guerre; Etudes et documents, Série G, N° 1,* où l'on trouvera un résumé (p. p. 430—446) de la politique suivie par la Tchécoslovaquie dans ce domaine.

Bulletin des l. et d.; du 7 mars 1924, N° 58 du
Bulletin des l. et d.) Cette aide s'entend de la
manière suivante : l'Etat garantit l'emprunt des=
tiné à permettre la construction de l'immeuble,
s'engage à verser les intérêts et à amortir l'em=
prunt ainsi qu'à rembourser intégralement celui=ci
en cas de dénonciation du contrat. L'emprunt
garanti par l'Etat bénéficie de la sécurité pupil=
laire, ce qui permet aux établissements financiers
et autres, qui administrent leur fortune ou celle
qui leur est confiée, de consentir des emprunts
pour de nouvelles constructions.

Il est assez caractéristique qu'un nombre consi=
dérable d'ouvriers de l'industrie et de l'agricul=
ture ont pris part eux=mêmes à la construction
d'habitations. Sur un nombre total de 900 sociétés
coopératives de construction et d'habitation, plus
de deux tiers sont des sociétés ouvrières, et sur
les 6.456 maisons familiales et 392 maisons loca=
tives construites par les sociétés dans le pays, du
1er janvier 1921 au 30 novembre 1923, la grande
majorité l'ont été par des sociétés ouvrières.

Cependant, même en dehors du mouvement
coopératif, les ouvriers prennent une part active
au mouvement de construction. Sur un nombre
total de 4.155 immeubles (avec 4.667 logements)
édifiés par des particuliers du 1er janvier 1921 au
30 novembre 1923, 13 pour cent l'ont été par des

ouvriers de l'industrie, des artisans ou des em=
ployés de commerce, 11 pour cent par des paysans,
ouvriers et employés agricoles, 6 pour cent par
des employés de chemin de fer et 4 pour cent
par des mineurs et des métallurgistes.

Il est à remarquer que la majorité des coopéra=
tives ouvrières construisent des maisons familiales
avec de petits jardins et assez peu de maisons
locatives. La politique du logement en général
n'a pas seulement une importance indirecte en ce
que la possession d'un logement convenable pré=
serve l'ouvrier d'une mauvaise utilisation de ses
loisirs et le retient à son foyer, elle a en outre une
influence directe en amenant l'ouvrier à consacrer
une bonne partie de ses loisirs aux coopératives
de construction et d'habitation, éventuellement
à la culture des jardins et, enfin, au travail de cons=
truction proprement dit, auquel il peut prendre
part lui=même en réduisant ainsi ses dépenses.

La politique sociale est amenée tout naturel=
lement à étudier les moyens susceptibles d'em=
pêcher une utilisation irrationnelle des loisirs des
ouvriers, c'est=à=dire, en premier lieu, à combattre
l'alcoolisme et la prostitution.

A cet égard, nous ne sommes encore qu'au dé=
but de la lutte. De l'ancien régime, la Tchécoslo=
vaquie n'a hérité sous ce rapport que d'une seule
mesure législative : c'est ainsi que d'après le der=

nier alinéa de l'art. 78 du règlement industriel, le paiement des salaires est interdit dans les auberges et cabarets.

La Tchécoslovaquie a entrepris de combattre l'alcoolisme sur une base plus large. La première loi à citer dans ce domaine est celle du 17 février 1922 (N⁰ 86 du Bulletin des lois et décrets), qui interdit : 1⁰ la vente de boissons alcooliques autres que la bière et le vin aux jeunes gens âgés de moins de dix-huit ans; 2⁰ la vente de toutes les boissons alcooliques aux adolescents de moins de seize ans. Un Conseil permanent pour la lutte contre l'alcoolisme a été constitué par un décret en date du 19 décembre 1919 (N⁰ 27 du Bulletin des lois et décrets, année 1920) au Ministère de l'Hygiène Publique pour l'étude préalable de toutes les mesures à prendre dans ce domaine. Il faut signaler en outre l'action de certaines organisations privées, dont la plus importante est *l'Union pour l'abstinence*.

La limitation de la prostitution est l'un des buts assignés à la loi du 11 juillet 1922 (N⁰ 241 du Bulletin des lois et décrets) sur la lutte contre les maladies vénériennes. Un Conseil permanent a été également constitué pour combattre ces deux maux, par un décret du 19 décembre 1919 (N⁰ 15 Bull. des l. et d ; année 1920). Mais ces mesures législatives sont encore trop récentes pour qu'il soit possible d'en déterminer dès maintenant les résultats avec précision.

Lors des délibérations sur la loi de huit heures on exprima, en plusieurs pays, la crainte que la diminution de la durée du travail n'eût pour effet d'augmenter l'alcoolisme, ou, en d'autres termes, d'amener une utilisation irrationnelle des loisirs des ouvriers. Cependant, les statistiques qui ont été dressées, et que nous ne pouvons reproduire ici faute de place, montrent maintenant encore, alors que la production est redevenue normale, que *la consommation de l'alcool est à l'heure actuelle bien moindre* qu'avant la guerre. Par exemple, en 1912/1913, la consommation de la bière sur le territoire de la Tchécoslovaquie ac= tuelle était de 82 litres pour personne, tandis qu'en 1921/1922, elle était seulement de 47 litres. A vrai dire, les statistiques ne dénombrent pas les diverses professions, et il est difficile, en con= séquence, de dire si l'alcoolisme est en régression d'une manière générale ou peut=être seulement dans certaines classes de la population ; on peut cependant *affirmer avec une entière sécurité que l'adoption de la journée de huit heures n'a n u l l e= m e n t   a u g m e n t é   l a   c o n s o m m a t i o n   d e   l'a l c o o l   p a r m i   l e s   o u v r i e r s* et qu'il y a de fortes présomptions de croire que son influ= ence a été *favorable* à cet égard.



4

Dès avant la guerre, on s'était préoccupé des *divers modes d'utilisation des loisirs des ouvriers* dans la partie de la République tchécoslovaque actuelle qui faisait alors partie intégrante de l'Autriche. Cependant cette activité s'exerçait dans des conditions beaucoup plus défavorables que maintenant, tant à cause de la situation plus mauvaise des ouvriers que du peu de disposition de l'Etat autrichien à améliorer ces conditions. La situation était encore plus sombre en Slovaquie, qui était alors sous la dépendance de la Hongrie. Après la libération nationale de 1918, on assista à un développement extraordinaire de toutes les institutions existantes ainsi qu'à la création de nombreuses institutions nouvelles.

En premier lieu, le suffrage universel fut introduit après la guerre dans toutes les institutions publiques où il n'existait pas encore. La collaboration des ouvriers à la vie politique devint très active après la libération nationale. Non seulement ils eurent leurs représentants au Parlement, mais les ouvriers des ateliers prirent une part active à la vie publique dans les communes, districts, comités locaux, etc.; un grand nombre d'entre eux y consacrèrent ainsi une partie de leurs loisirs. Il convient de signaler, en outre, l'activité des comités d'entreprise, institués par les lois du 25 février 1920 (N° 144) et du 12 août 1921 (N° 330 du

Bulletin des lois et décrets), auxquels les ouvriers consacrent également une partie de leurs loisirs, et enfin, l'activité syndicale et coopérative.*)

Les partis politiques cherchent non seulement à gagner la classe ouvrière à leur cause par une action politique directe, mais encore par nombre d'autres moyens, qu'il s'agisse d'ouvriers organisés ou non organisés.

On a crée dans ce but des institutions qui s'occupent directement et exclusivement de l'utilisation convenable des loisirs ouvriers. Dans chaque parti ouvrier, il existe un certain nombre d'organisations de ce genre, qui se groupent autour de deux centres : centre d'éducation physique et centre d'instruction. En ce qui concerne les méthodes, l'activité de ces organisations est sensiblement la même dans chaque parti, et ne varie que selon la conception d'ensemble et l'idéal social qui lui sont propres.

La plus ancienne organisation d'éducation physique, connue sous le nom *Sokol (Le Faucon)*, a été

---

*) Sur l'activité syndicale et des comités d'entreprise, voir une étude spéciale consacrée à cette question dans la présente brochure; sur l'activité coopérative, nous renvoyons le lecteur à une publication intitulée *Genossenschaftswesen und soziale Fürsorge in der Tschechoslovakei*, Politische Bücherei vol. II. Prague 1924, qui a été traduite en français.

fondée en 1862. C'était une organisation natio=
nale, se proposant d'élever le niveau général de
toutes les classes de la nation. Dans les dernières
années du XIX<sup>e</sup> siècle, sous l'influence de l'éman=
cipation politique des ouvriers, se formèrent, d'a=
près le modèle des Sokols, des organisations ouvri=
ères analogues: c'est ainsi qu'en 1895 se fondèrent
diverses sociétés ouvrières de gymnastique qui se
groupèrent en 1903 en une *Union des sociétés
ouvrières de gymnastique* en adoptant le pro=
gramme du parti social=démocrate. Le parti chré=
tien=social constitua également, en 1902, des or=
ganisations d'éducation physique, qui étaient
à l'origine comme les succursales des groupements
syndicaux chrétiens=sociaux; à partir de 1919 ces
organisations sont devenues indépendantes sous
le nom collectif d'*Orel (L'aigle)*. De leur côté,
les social=démocrates allemands ont leurs associa=
tions d'éducation physique particulières, groupées
sous le nom de *Verband der Arbeiter=Turn= und
Sportvereine der Tschechoslovakischen Repu=
blik*, dont le siège se trouve à Ústí sur l'Elbe
(Aussig). En 1921, après la scission qui se produi=
sit au sein du parti social=démocrate, les ouvriers
communistes quittèrent *l'Union* pour constituer
une *Fédération des sociétés ouvrières de gymnas=
tique*. Cependant le *Sokol* continuait à grouper
un grand nombre d'ouvriers, qui appartiennent

pour la plupart au parti socialiste tchécoslovaque,
ce qui explique pourquoi ce parti n'a pas fondé
d'organisations d'education physique particu=
lières. Le nombre des grands organisations cen=
trales d'éducation physiques est donc actuelle=
ment de 5.

Ces organisations s'occupent principalement
du développement de la gymnastique : les orga=
nisations tchèques, d'après le système de l'un
des fondateurs du *Sokol*, Miroslav Tyrš, les or=
ganisations allemandes, d'après celui de Jahn.
Pendant la guerre, toutes ces organisations tra=
versèrent une crise assez grave, due au départ des
hommes pour l'armée et à la réquisition des salles
de gymnastique : leur activité fut considérable=
ment restreinte.

Le *Sokol* fut même dissous en 1915 par le
gouvernement autrichien. Depuis la libération
nationale, ces organisations comptent des cen=
taines de milliers de membres et l'éducation phy=
sique a pris une très grande extension.

La composition sociale de ces organisations est
la suivante : dans *l'Union des sociétés ouvrières
de gymnastique* (social=démocrate) et dans la
*Fédération des sociétés ouvrières de gymnastique*
(communiste), il y a 75 à 80 pour cent d'ouvriers ;
les autres membres sont des employés, principale=
ment des secrétaires du parti, des employés de

| Année | Sokol | | Union des Soc. ouvr. de gymn. | | Fédération des Soc. ouvr. de gymn. | | Orel | | Verband der Arb.=Turn.= und Sport= vereine | |
|---|---|---|---|---|---|---|---|---|---|---|
| | Groupe=ments | Membres | Groupe=ments | Membres | Groupe=ments | Mem=bres | Groupe=ments | Membres | Groupe=ments | Mem=bres |
| 1913 | 1.279 | 194.321 | 542 | 33.748 | — | — | 193* | 7.640* | — | 17.422 |
| 1915 | Pendant la guer= re, dissous par le gouvernement autrichien | 1.901 | — | — | — | — | — | — | — | — |
| 1917 | | 4.043 | — | — | — | .546 | — | 5.000 |
| 1919 | 1.088 | 153.201 | — | — | 273 | 18.960 | — | 9.000 |
| 1920 | 1.982 | 559.097 | 1.565 | 221.232 | — | — | 565 | 66.829 | — | 20.000 |
| 1921 | | 594.745 | 791 | 87.806 | — | — | | | — | 27.000 |
| 1922 | | 571.588 | 848 | 92.440 | 1.049 | 106.180 | 1.118 | 122.182 | — | 40.000 |

*Chiffre de 1912. — Pour les années, où les chiffres ne sont pas donnés, on manquait de données statistiques précises. La Fédération des Soc. ouvr. de gymn. ne fut fondée qu'en 1921.

commerce, des chemins de fer, etc. La répartition
est la même dans les sociétés ouvrières alleman=
des. Quant au *Sokol*, il comprend environ 30
pour cent d'ouvriers (le recensement de l'année
1910 a compté 30·6 pour cent d'ouvriers sur le
total des membres et 55·7 pour cent d'ouvriers
parmi les membres participant aux exercices);
Enfin *l'Orel* comprend, selon une évaluation assez
précise, environ 60 pour cent d'ouvriers. Les
ouvriers forment donc en Tchécoslovaquie la ma=
jorité des effectifs de toutes les organisations de
gymnastique; on en trouve d'ailleurs la preuve
dans le fait que ces organisations sont le plus
fortes et le plus développées dans les centres in=
dustriels.

On trouvera dans le tableau ci=dessus le nombre
des membres des organisations de gymnastique.

La participation des femmes et de la jeunesse
est particulièrement impostante.

En 1922, la répartition des membres était la
suivante :

| | Sokol | Union des Soc. ouvr. de gymn. | Fédération des soc. ouvr. de gym. | Orel (l'aigle) |
|---|---|---|---|---|
| 1. Membres actifs (hommes) . . . | 256.599 | 18.141 | 19.476 | 18.845 |
| 2. Membres adhé= rents (hommes) | | 16.277 | 19.862 | 24.379 |

|  | Sokol | Union des Soc. ouvr. de gymn. | Fédération des soc. ouvr. de gym. | Orel (l'aigle) |
|---|---|---|---|---|
| 3. Membres actifs (femmes) . . . | 103.593 | 6.180 | 7.533 | 10.657 |
| 4. Membres adhé= rents (femmes) . | | 5.147 | 5.842 | 20.994 |
| 5. Adolescents . . | 42.843 | 7.806 | 8.269 | 8.587 |
| 6. Adolescentes . | 37.181 | 6.120 | 6.930 | 8.833 |
| 7. Elèves (garçons) | 62.012 | 16.524 | 18.957 | 17.787 |
| 8. Elèves (fillettes) | 69.360 | 16.240 | 19.311 | 18.500 |
| | 571.588 | 92.440 | 106.180 | 122.182 |

Dans les rubriques de 1 à 4, les membres sont âgés de plus de 18 ans; de 5 à 6, de 14 à 18 ans et de 7 à 8 entre 6 et 14 ans.

En dehors de leur activité régulière, les sociétés d'éducation physique organisent périodiquement des Fêtes fédérales (slety), qui permettent de suivre le travail des groupements: c'est là un puissant stimulant pour leur action ultérieure, principalement du fait qu'on y organise des con= cours et délivre des diplômes et des récompenses d'honneur. Les voyages à l'étranger ont une si= gnification analogue. Avant la guerre, ces mani= festations et ces voyages étaient organisés unique= ment par le *Sokol*, la plus ancienne et la plus puissante de ces associations, mais, depuis la guerre, les autres fédérations en organisent également d'une façon régulière. C'est en 1920 que s'est tenue la plus grande de ces Fêtes fédérales : le VII<sup>e</sup> congrès du *Sokol* auquel ont participé près de 100.000 membres actifs (hommes, femmes, adolescents, élèves), les dépenses totales s'élevèrent à 8 millions de couronnes.

Ces organisations utilisent pour les exercices de gymnastique leurs propres salles ainsi que des salles d'école ou des locaux loués ou prêtés, tels que : préaux, champs d'exercices, écoles de natation, manèges, etc. Le *Sokol* dispose des ressources les plus étendues : en 1923, 337 salles et environ 400 préaux et champs d'exercices lui appartenaient en propre. 47 nouvelles salles de gymnastique ont été ouvertes depuis 1923 : les membres eux-mêmes, principalement les ouvriers, aidèrent à leur construction pendant leurs heures de loisirs.

Le développement des organisations de gymnastique et de sport a fait naître bientôt une industrie prospère dans le pays, ainsi a vu le jour une industrie des articles de sport et des agrès fournissant des produits d'excellente qualité, susceptibles d'être exportés. Toutes les fédérations d'éducation physique s'apliquent aussi avec le plus grand soin à tenir à la disposition des membres des instructeurs, pour lesquels elles organisent das cours spéciaux. A côté de l'éducation

purement gymnastique et athlétique, un enseigne=
met historique, pédagogique et médical est don=
né dans ces cours.

En dehors de ces organisations ayant pour
objet l'éducation physique en général, les ouvriers
tchécoslovaques ont également constitué des
organisations poursuivant des buts plus spéciaux :
c'est ainsi qu'ont été créées des sociétés de cyclistes,
de touristes et un certain nombre d'organisations
ouvrières de boys=scouts (les *Boys=scouts du Tra=
vail*, les *Boys=scouts de Spartacus*).

On se préoccupe également du séjour des
ouvriers à la campagne pendant leurs vacances : ce
qui n'est possible que depuis que des congés
payés leur sont assurés par les lois et les contrats
collectifs. Les caisses pour les malades, les orga=
nisations syndicales, les conseils d'entreprises et
d'autres corporations s'occupent spécialement de
cette question du séjour à la campagne. C'est
ainsi que l'*Académie ouvrière* a organisé depuis
1920 des colonies d'enfants et d'adultes vivant
sous les tentes en pleine campagne et établi des
bureaux qui envoient les ouvriers et les ouvrières
passer leur congé dans les stations balnéaires. En
1923, une société indépendante, la *Svépomoc*, s'est
chargée de cette tâche.

Un grand nombre d'ouvriers s'adonnent en
*outre aux sports, dans des organisations spor=*

*tives qui groupent des membres de toutes les classes et n'ont pas un caractère spécifiquement ouvrier.* Nous n'avons pas jusqu'à présent de sta=tistique précise sur la répartition des professions dans ces organisations, mais on peut évaluer appro=ximativement à un tiers d'ouvriers le nombre des membres de la *Fédération sportive tchécoslovaque.* L'un des sports favoris des ouvriers est le foot=ball, auquel ils se livrent passionnément et qui attire des spectateurs ouvriers non moins attentifs. *L'As=sociation tchécoslovaque de foot=ball* comptait à la fin de 1922 1049 groupes, avec 103.991 mem=bres : 61.000 joueurs ont pris part à 32.015 matches, auxquels ont assisté 2,870.000 spectateurs.

*L'Etat* favorise le développement de l'éducation physique soit directement, par l'enseignement de la gymnastique, soit indirectement, par *une aide accordée à l'activité des Sociétés d'éducation phy=sique.*

Aux termes d'un décret du ministère de l'Ins=truction publique en date du 17 janvier 1919 (N° 2621), il est expressément recommandé aux conseils pédagogiques des établissements scolaires de satisfaire de la manière la plus large aux de=mandes des organisations d'éducation physique en ce qui concerne le prêt des salles de gymnasti=que. Cette aide de l'Etat se manifeste encore en ce que la direction des cours officiels d'éducation

physique organise des cours extraordinaires desti‑
nés aux membres des associations de gymnastique
et de sport, cours dont les ouvriers profitent dans
une très large mesure. L'Etat accorde en outre des
subventions aux organisations ouvrières d'éduca‑
tion physique. Dans le budget de l'Etat, il a été
prévu en 1920, pour l'éducation physique, 650.000
couronnes, en 1921 1,340.000, en 1922 3,450.000,
en 1923 6,250.000, en 1924 4,000.000 couronnes.
(Dans ces chiffres sont comprises également les
dépenses pour l'éducation physique en Russie
subcarpathique.)

*L'activité en matière d'instruction publique* a
peut‑être pris encore plus d'extension parmi les
ouvriers tchécoslovaques que l'activité en matière
d'éducation physique. Les organisations nationa‑
les, comme le *Sokol*, se sont occupées dès le début
de l'instruction des ouvriers; mais bientôt la classe
ouvrière se chargea elle‑même de cette tâche. Le
parti social‑démocrate, dans les dernières années
du XIXe siècle, fonda plusieurs sociétés ouvrières
d'instruction, qui fusionnèrent en 1895 en une
*Académie ouvrière*. Des membres du corps uni‑
versitaire y collaborèrent dès le commencement;
avec les progrès de l'émancipation de la classe
ouvrière, d'autres groupements analogues se fon‑
dèrent, de sorte qu'actuellement chaque parti
ouvrier a ses propres cadres d'enseignement.

Les organisations ouvrières d'enseignement, ayant toutes leur siège à Prague, sont actuellement : *L'Académie ouvrière* (fondée en 1895 sous l'égide du parti social-démocrate) *l'Ecole ouvrière centrale* (fondée en 1897 et soutenue par le parti socialiste tchécoslovaque), la *Zentralstelle für Bildungswesen* (fondée en 1919 par le parti social-démocrate allemand), le *Proletkult* (fondé en 1921 et affilié au parti tchécoslovaque communiste), *l'Académie populaire* (fondée en 1922 par le parti populaire, anciennement chrétien-social). Chacune de ces organisations dirige son enseignement conformément à ses idées et aux buts du parti dont elle relève. En ce qui concerne les méthodes de travail, elles sont empruntées à la plus ancienne de ces organisations, *l'Académie ouvrière.*

Ces organisations d'instruction ont vu pendant la guerre leur activité décroître parallèlement à celles des organisations d'éducation physique. *L'Ecole ouvrière centrale* fut dissoute par le gouvernement autrichien.

Vu l'impossibilité de décrire ici l'activité très étendue de toutes ces organisations, nous nous bornerons à parler d'une manière succincte de la plus ancienne d'entre elles : l'Académie ouvrière. Celle-ci comptait en 1923 12 sections régionales, 56 sections de district et 136 groupements locaux, avec 3562 membres directs et 290.246 membres indirects (par l'intermédiaire des organisations syndicales et politiques, qui paient une cotisation globale).

Un des principaux moyens d'action dont se sert cette institution pour répandre l'instruction parmi les ouvriers est *la création de bibliothèques et de salles de lecture*. Fondée en 1897, la bibliothèque de l'Académie comprenait à cette date 610 volumes; en 1907 elle en comptait 3.563 et en 1923 7.778. En 1919, elle fut transformée en *Bibliothèque centrale d'études socialistes* et les anciennes bibliothèques circulantes de l'Académie sont devenues les bibliothèques autonomes des organisations ouvrières de province.

Ce qu'il y a de plus important peut-être dans l'activité de l'Académie ouvrière, ce sont *les écoles et les cours* qu'elle organise. De 1898 à 1914, elle a organisé en moyenne 5 à 6 cours annuellement, des cours de langues pour la plupart, avec 24 à 48 heures par cours et un nombre moyen de 22 élèves par heure. Cette activité s'est développée depuis 1919, comme le montre le tableau à la page suivante.

Le centre de cette activité est *l'Ecole socialiste* (qui avait deux classes en 1920), ainsi que les écoles de secrétaires du parti, de comités d'entreprise, etc. Les plus importants sont les cours d'enseignement commercial, d'hygiène, d'édu-

| Année | Ecoles et cours | Nombre total d'heures | Nombre total des élèves |
|---|---|---|---|
| 1919 | 61 | 1756 | 65.205 |
| 1920 | 103 | 4020 | 128.167 |
| 1921 | 88 | 4306 | 180.816 |
| 1922* | 67 | 3699 | 133.046 |
| 1923* | 88 | 3654 | 97.430 |

cation sociale, artistique, de langues, d'enseigne=
ment spécial professionnel, de rédacteurs=ouvriers,
les cours spéciaux pour les femmes, etc.

Depuis 1897, l'Académie a fait donner des *con=
férences* d'abord *isolées*, puis des cycles entiers
de conférences, organisés systématiquement de=
puis 1919. En 1923, l'organisation a donné 41
cycles avec 153 conférences, devant 21.016 audi=
teurs (137 par conférence), sans compter 598 con=
férences isolées faites devant un total de 385.662
auditeurs. L'Académie s'occupe aussi des enfants,
des jeunes gens et des femmes ; pour ces dernières
elle organise des cours d'éducation sociale, d'hy=
giène et divers cours pratiques d'enseignement
ménager.

---

* Le ralentissement que l'on observe en 1922 et 1923
s'explique par la scission qui s'est produite dans le parti
social=démocrate en 1921 et la formation d'un nouveau
centre d'instruction, le *Proletkult*, créé sous l'égide du
parti communiste.

Elle consacre également son activité à *l'éduca=
tion artistique des ouvriers*. Au début, elle orga=
nisait des représentations dans les théâtres publics
avec des prix d'entrée réduits, ou des places gra=
tuites pour les chômeurs. En 1919, elle loue plu=
sieurs salles de spectacle et organise des cycles
entiers de représentations : opéras de composi=
teurs nationaux, pièces d'Ibsen, de Shakespeare,
etc. En 1919 une *Scène socialiste* est créée. Au
cours de l'année 1923, l'Académie ouvrière donne
48 représentations devant 42.753 spectateurs.

L'Académie organise également des conférences
sur l'art dramatique et musical, des concerts de
musique vocale et instrumentale, des matinées
populaires du dimanche, des soirées artistiques
populaires, etc. Elle organise enfin des représen=
tations et des concerts spéciaux pour les enfants.

A l'activité que nous venons d'exposer, il faut
ajouter celle qui s'exerce *en matière de publi=
cations;* ainsi il existe une revue mensuelle, la
*Culture ouvrière* (10$^{ème}$ année) qui paraît à 5000
exemplaires. En outre, l'Académie a publié par
milliers d'exemplaires une série de conférences
de l'école socialiste, un cours pour les propa=
gandistes, des livres scolaires spéciaux, des ma=
nuels, des tracts, etc.

Les succursales provinciales de l'Académie dé=
veloppent la même activité (les chiffres indiqués

ici ne se rapportent qu'à la centrale de Prague). Il faut remarquer qu'en Slovaquie, où rien de semblable n'existait sous le régime hongrois, cette activité est entièrement nouvelle.

Les autres organisations ouvrières d'instruction déploient une activité analogue*). *L'école ouvrière centrale* a fondé en 1921 des *cours du soir pour ouvriers*, où les élèves ayant terminé l'école primaire supérieure peuvent compléter leur instruction pour entrer l'année suivante dans la V$^{ème}$ classe du gymnase. *L'École populaire sociale* a été créée en 1921 à Brno par le parti populaire. Le *Dĕdrasbor* (Corps dramatique ouvrier) doit son existence au *Proletkult*. Ce dernier cultive surtout l'art de la déclamation collective, en tant que forme indépendante de la diction.

Les organisations d'éducation physique, dont il a déjà été question, déploient également une grande activité dans ce domaine. Elles ont créé de nombreuses sections dramatiques, des cercles de musique, des bibliothèques, et elles organisent des conférences, des soirées récréatives et artistiques, etc. L'une de ces organisations d'éducation physique, *la Fédération des sociétés ouvriè=*

---

*) Consulter sur le même sujet: *Die internationalen Arbeitsbildungsbestrebungen, Bericht über die Arbeiterbildungskonferenz in Brussel 1922*. Internationaler Gewerkschaftsbund, Amsterdam, 1923,

res de gymnastique, a assumé en 1923 la tâche
de présenter une vue d'ensemble de toute l'œuvre
accomplie par les ouvriers pendant leurs heures
de loisirs, sous la forme d'une grande exposition
du travail ouvrier.

Il convient de mentionner en outre l'activité
de quelques organisations dirigée *vers des buts
spéciaux* dans le domaine de l'instruction, comme
nous l'avons vu pour l'éducation physique. Ainsi,
*l'Obroda (Renaissance)*, association d'ouvriers
n'appartenant à aucune confession, affiliée au
parti social-démocrate, travaille dans un esprit de
progrès à l'éducation morale et rationnelle de la
vie des ouvriers ayant quitté l'Eglise. La *Fédération des sociétés communistes d'instruction* (n'appartenant à aucune confession) exerce une activité
analogue, *L'Association des ouvriers abstinents*
propage ses idées dans les milieux ouvriers. Les
sociétés ouvrières de chant ont acquis une grande
importance ; elles propagent l'instruction musicale
par la publication de brochures et l'organisation
de conférences et de cours. Diverses sociétés organisent régulièrement des concerts. *L'Union des
sociétés ouvrières de chant* donne un concert
annuel ; en 1923, 460 membres y ont pris part.
Cette société a contribué d'une manière imposante
à la récente célébration du centenaire de Smetana;
le nombre total des exécutants a été de 1000.

Nombreuses sont aussi les sociétés ouvrières de guitaristes et de mandolinistes. Nommons encore *l'Union ouvrière des acteurs amateurs*, qui comprend actuellement plus de 300 cercles et publie une revue mensuelle. Cette Union a fondé un *Théâtre ouvrier*, une société coopérative d'achat, de production, de construction, de crédit et d'éditions, qui prêtent leur concours dans l'orga=nisation de nouvelles scènes. *L'espéranto* est très répandu parmi les ouvriers tchécoslovaques : de=puis 1922, il existe deux associations ouvrières espérantistes, à Prague et à Plzeň.

En dehors de ces œuvres créées et organisées par les ouvriers eux=mêmes, il existe des associa=tions d'instruction sans caractère ouvrier ni po=litique. La plus importante est la *Fédération pour le développement de l'instruction*, fondée en 1906 dans le but de grouper toutes les organisations d'instruction existantes, ainsi que tous les profes=seurs et éducateurs depuis l'enseignement supé=rieur jusqu'à l'enseignement primaire. Les prin=cipaux moyens d'action sont : la fondation de bibliothèques populaires et de salles de lecture, l'édition et la propagation de bons livres et revues, l'organisation de conférences et de causeries, de distractions d'un caractère éducateur, consulta=tions, etc. La participation des ouvriers à cette œuvre est considérable. Son organisation est con=

struite sur les corps locaux d'éducation, corps de district et corps territoriaux, dont nous parlerons plus bas. Actuellement elle groupe 700 sociétés et corporations (dont de nombreux districts et communes) et 150 »conseils d'instruction«. Après la libération nationale, la Fédération a étendu son activité à la Slovaquie, où rien de semblable n'existait jusque là.

L'Etat tchécoslovaque a assumé lui=même une partie des tâches de la *Fédération pour le déve= loppement de l'instruction.* Dès la première année de son existence, l'Assemblée nationale vota deux lois très importantes relatives à l'enseignement en dehors de l'école: lois du 7 février 1919 (N° 67 du Bulletin des lois et décrets) sur *l'organisa= tion des cours populaires d'éducation civique* et du 22 juillet 1919 (N° 430) *sur les bibliothèques publiques communales.*

La première loi concerne l'organisation de con= férences, cours d'enseignement, notamment d'ad= ministration, cours pour les chômeurs, cours de langues et autres, d'écoles populaires avec des programmes d'enseignement plus au moins longs; à savoir: écoles de type inférieur (avec le pro= gramme des écoles primaires), écoles populaires de type secondaire (avec le programme des écoles secondaires), écoles populaires de type supérieur, dites universités populaires. Les dépenses sont

pour la plupart couvertes par les fonds prévus
pour l'éducation populaire dans le budget d
l'Etat.

Pour l'organisation de cet enseignement, le
ministère de l'Instruction Publique a constitué
dans tous les districts du pays des »conseils
d'instruction« (tchèques, allemands, etc.), et dans
les communes des »commissions locales d'ins=
truction« (également tchèques, allemandes, etc.).
Jusqu'à la fin de 1922, il existait 467 conseils et
6500 commissions de ce genre. Au cours de la
même année, il a été organisé, avec l'aide de
l'Etat: 10.000 conférences, 2000 cours, 70 écoles
populaires de tous les types indiqués, 2000 spec=
tacles d'amateurs, 500 spectacles de marionnettes,
300 causeries populaires, 500 causeries pour la
jeunesse, 200 »académies«, 33 expositions. Le
Ministère met des publications populaires à bon
marché au service de ces oeuvres.

En vertu de la deuxième de ces lois, chaque
commune est tenue de fonder et d'entretenir une
bibliothèque publique communale. Actuellement
la loi n'est appliquée que dans les communes de
plus de 400 habitants; un délai a été accordé
jusqu'à la fin de 1929 aux communes moins peu=
plées. Les fonds nécessaires sont prélevés sur le
budget ordinaire des communes; les bibliothè=
ques sont administrées par un comité nommé

par le conseil municipal et comprenant pour
moitié des membres pris parmi les lecteurs régu=
liers des bibliothèques. La loi prévoit la création
de bibliothèques à l'usage des minorités ethni=
ques, ou, là où ce n'est pas possible, de sections
spéciales administrées par un comité de membres
appartenant à ces minorités. Suivant une statis=
tique officielle, on comptait en Tchécoslovaquie,
à la fin de l'année 1921, 7433*) bibliothèques pu=
bliques (dont 1646 allemandes), ce qui fait donc,
sur un total de 11.465 communes, une propor=
tion de 64·8 p. 100. Les dépenses des communes
pour ces bibliothèques étaient en 1922 de 3 à 10
fois supérieures au minimum fixé par la loi (50
à 80 heller par habitant, suivant l'importance de
la localité). Les bibliothèques publiques tchè=
ques comptaient à la fin de l'année 1921 1,079.234
volumes; les bibliothèques allemandes, 602.734;
les bibliothèques polonaises, 2437, et l'unique
bibliothèque juive, 1770. Le nombre des lecteurs
fréquentant régulièrement les bibliothèques était
en 1920 de 411.192, ayant emprunté 6,355.577

---

*) Les chiffres sur le nombre des bibliothèques publi=
ques de communes en Tchécoslovaquie mentionnés dans
la Revue Internationale du Travail, vol. IX, N° 6, page 946,
ne sont pas précis. L'Institut Social de la République Tché=
coslovaque a envoyé au BIT les chiffres mentionnés dans
le texte ci=dessus.

volumes. Les recettes de bibliothèques ont été
en 1921 de 8,007.327 cour., chiffre dans lequel
les subventions allouées par les communes figu=
rent pour 5,814.145 cour. La loi n'a pas encore
été mise en application en Slovaquie; des biblio=
thèques de sociétés privées, qui reçoivent une
subvention de l'Etat, y tiennent lieu provisoire=
ment de bibliothèques publiques. En outre, il y
a en Slovaquie 160 bibliothèques circulantes,
ayant chacune 56 volumes et dont 120 sont
entretenues par l'Etat. Pour la formation des
bibliothécaires, il a été créé deux écoles, où la
durée des études est d'une année: une école
tchèque à Prague et une école allemande à Ústí
sur l'Elbe, ainsi que des cours, au nombre de
282 en 1921. L'aide de l'Etat n'est pas seulement
morale, mais financière, car dans le budget an=
nuel, des sommes importantes sont consacrées
aux bibliothèques populaires. De plus, l'Etat
alloue des subventions, dans la limite des possi=
bilités budgétaires, aux groupements ouvriers
d'enseignement.*)

---

*) On trouvera une statistique détaillée des bibliothè=
ques publiques communales dans une publication *de l'Office
de statistique intitulée les bibliothèques publiques en Bo=
hême, Moravie et Silésie en 1921*, Prague, 1923. Voir aussi
*les bibliothèques publiques en Tchécoslovaquie*, par le Dr.
Zd. Tobolka. (Librairie Champion. Paris, 1924.)

On porte également une attention particulière à l'utilisation des heures de loisirs dans les écoles, notamment dans les écoles industrielles et professionnelles : des cours spéciaux gratuits du soir et des dimanches ont été créés pour les ouvriers, ainsi que des cours où l'enseignement est donné toute la journée en dehors de l'époque des travaux saisonniers ou dans les périodes de chômage.

Ces cours se donnent dans les locaux des écoles. D'autres cours, ambulants ceux-ci, sont organisés en divers endroits, le soir et les dimanches, où, en dehors de l'époque des travaux saisonniers, pendant toute la journée ; enfin il existe des cours publics de dessin. En 1918/1919, 1380 auditeurs ont fréquenté ces divers cours et 4668 en 1922/1923. Des classes ouvrières spéciales sont organisées dans les écoles industrielles de l'Etat à Bratislava et à Plzeň : à Bratislava pour l'industrie du bâtiment (65 élèves en 1922/1923) et à Plzeň pour les serruriers, électrotechniciens et menuisiers (141 élèves en 1922/1923).

L'Etat a encore créé un certain nombre d'autres cours : cours du soir pour les femmes et les jeunes filles, classes populaires complémentaires pour les jeunes filles, cours agricoles, cours dans les écoles de commerce, cours complémentaires pour les ouvriers, etc. L'Etat offre en outre aux organisa-

tions ouvrières des locaux scolaires. Quant à son
*aide financière*, elle ressort des sommes inscrites
au budget du ministère de l'Instruction Publique
pour l'éducation populaire: en 1919, 418.000
cour.; en 1920, 2,504.088; en 1921, 3,875.468;
en 1922, 5,149.297; en 1923, 6,747.153; en 1924,
5.308.767 couronnes. (Dans ces chiffres sont com=
prises également les dépenses pour l'éducation
populaire en Russie Subcarpathique.). Par la loi
du 25 février 1924 (N° 143 du Bulletin des lois
et décrets), les ressources financières destinées à
couvrir les dépenses de l'enseignement ouvrier
sont prélevées en partie sur la part de bénéfice
net qui revient aux ouvriers dans l'exploitation
des mines. L'art. 12 de cette loi prévoit en effet
qu'une part de 10 pour cent du bénéfice net des
entreprises doit être consacrée aux institutions
ouvrières considérées comme d'utilité publique,
notamment à celles qui sont créées pour occuper
les loisirs des ouvriers. Le total de ces sommes
s'est élevé en 1922 à 4,749.218 cour.

On peut dès maintenant porter *ce jugement
d'ensemble* sur l'utilisation des heures de loisirs
en Tchécoslovaquie: par rapport à la situation
d'avant=guerre, un très grand progrès a été réalisé
à tous les égards. Cela ressort tout d'abord à l'é=
vidence du petit nombre de chiffres que le peu
de place dont nous disposons nous a permis

de donner. Ou note cependant que, si de 1919
à 1920/21, l'activité générale de toutes les institu=
tions dont nous avons parlé, est en progrès il se
produit ensuite un certain temps d'arrêt, ou même
on voit le développement décroître dans certaines
branches. Cet état de choses est dû principalement
à la crise économique qui éclata en 1921 et qui
eut pour conséquence un chômage très grave par
moments. L'influence de cette crise commença à se
faire sentir dès 1921. La scission qui se produisit
dans la classe ouvrière tchécoslovaque en cette
même année eut aussi, pendant un certain temps,
des effets défavorables. Cependant on observe en
ces derniers temps une lente amélioration, laquelle
toutefois ne s'est pas encore traduite dans les sta=
tistiques. Quoi qu'il en soit, les divers types d'ac=
tivité, dont nous avons parlé plus haut, restent
à un niveau incomparablement supérieur à celui
d'avant=guerre, quantitativement et qualitative=
ment. Il reste à déterminer *jusqu'à quel point cet
énorme développement est la conséquence de
l'adoption de la loi sur la journée de huit heures.*
Sans doute l'activité tendant à l'éducation physi=
que et intellectuelle des ouvriers s'exerçait dès
avant la guerre; mais c'est la loi de huit heures
qui a rendu possible son rapide développement.
Il est certain, d'autre part, que *l'augmentation du
pouvoir de la classe ouvrière* y a beaucoup contri=

bué ; cette augmentation s'est produite dans tous les pays à la suite des bouleversements sociaux qui ont suivi la guerre mondiale, mais *il a fallu la loi de huit heures pour que les ouvriers puissent tirer profit de l'amélioration de leur situation.*

# LES CONSEILS
# ET LES COMITÉS D'ENTREPRISE
# EN TCHÉCOSLOVAQUIE.

Par *Josef Beránek*.

## Introduction.

A côté de la journée de 8 heures, les conseils et les comités d'entreprise sont une des conquêtes les plus précieuses de la classe ouvrière tchécoslovaque depuis la libération nationale. On conçoit donc que leur activité soit suivie avec une attention toute spéciale non seulement par les intéressés, patrons et ouvriers, mais encore par les économistes et les sociologues. Et comme la Tchécoslovaquie — concurremment avec les Républiques allemande et autrichienne — s'efforce de frayer, par l'institution des conseils d'entreprise, la voie à une nouvelle réglementation des relations entre l'employeur et l'employé, réglementation qui doit être placée sous l'égide des grands principes de la démocratie, les expériences qui y ont été réalisées dans ce domaine peuvent être de nature à intéresser l'étranger et lui fournir d'utiles indications. Nous pouvons ajouter que les expériences de ce genre faites en Tchécoslo=

vaquie sont plus instructives que celles qui ont été acquises en Allemagne ou en Autriche : seule de ces trois pays, en effet, la Tchécoslovaquie, se trouve actuellement dans une situation à peu près normale ; de plus, on peut y étudier le déve= loppement des conseils d'entreprise sur une base beaucoup plus étendue.

En Allemagne et en Autriche les ouvriers appar= tiennent, pour la plupart, à une même race et à une même culture, et ils possèdent, à peu de chose près, une mentalité identique. La situation éco= nomique et politique de l'Allemagne peut encore être sujette à des troubles, qui auront nécessaire= ment leurs répercussions sur l'activité des con= seils d'entreprise, mais les ouvriers allemands, aussi bien d'ailleurs que les ouvriers autrichiens, restent tels qu'ils ont toujours été : imbus de l'esprit de discipline et éminemment aptes à un travail d'organisation méthodique. De ce point de vue, l'étude des conseils d'entreprise tchéco= slovaques présente un intérêt plus vif que celle de cette même institution dans ces deux pays : car si les ouvriers tchèques peuvent être mis sur un pied d'égalité avec les ouvriers allemands et autrichiens en ce qui touche le niveau ou déve= loppement intellectuel, ils se distinguent de ces derniers en ce qu'ils sont, en leur qualité de Sla= ves, plus impulsifs et plus portés à la rêverie.

A cet égard rien n'est plus instructif que les ex=
périences réalisées en Slovaquie et en Russie Sub=
carpathique, pays dont la population est, dans
une certaine mesure, en retard par le fait qu'elle
a été courbée longtemps sous le joug de gou=
vernements opresseurs, qui se sont peu souciés
de son développement. Il est donc assez délicat
de juger les résultats que donne le fonctionne=
ment des conseils d'entreprise en Tchécoslovaquie
et de répondre à la question de savoir s'ils sont
satisfaisants ou non ; mais cette étude n'en est que
plus intéressante, puisqu'elle porte également sur
des ouvriers de race allemande, ayant les mêmes
qualités que leurs co=nationaux d'Allemagne et
d'Autriche, avec cette différence que ces ouvriers
allemands font valoir en Tchécoslovaquie leurs
revendications dans des conditions beaucoup
plus favorables que ne le peut faire le prolétariat
en Allemagne.

Cependant, avant de se demander si les résul=
tats obtenus sont satisfaisants, il importe de jeter
un coup d'oeil sur l'origine, la mission et l'étendue
de l'activité des conseils d'entreprise en Tchéco=
slovaquie.

Les conseils et les comités d'entreprise ont vu
le jour en Tchécoslovaquie sous l'influence des
événements révolutionnaires de Russie, d'Alle=
magne et d'Autriche ; ils furent une concession

au prolétariat, qui réclamait la socialisation de la production, principalement celle de la production concentrée comme telle que l'industrie minière. Cependant, l'institution des conseils et comités d'entreprise, qui sont une première étape vers l'application des principes de la démocratie dans l'ordre économique, ne fut pas une conséquence directe de cette pression révolutionnaire : elle est l'oeuvre de la démocratie, étant issue d'un compromis conclu, sur le terrain légal, entre les représentants de toutes les classes sociales intéressées.

L'influence des événements révolutionnaires a été surtout d'ordre moral. En effet, la création des comités d'entreprise dans les industries autres que l'industrie minière ne fut réalisée qu'en 1921, époque où la vague révolutionnaire était déjà en recul et où les conseils révolutionnaires en Russie, en Hongrie et en Italie avaient été écartés. Pour cette raison, et sans vouloir contester l'influence de l'époque, les conseils d'entreprise tchécoslovaques sont beaucoup plus proches des »comités de mandataires ouvriers« existant auparavant qu'aux créations nouvelles dues à l'influence du mouvement révolutionnaire. Etant issus d'un compromis, ils savent tenir compte de la situation économique du pays et des aptitudes professionnelles et intellectuelles des ouvriers, de sorte qu'ils reposent sur une base solide et sont un facteur

important dans l'organisation de la production
et la circulation des biens.

### Les conseils d'entreprise
### dans les mines

On s'étonnera peut-être de voir que nous nous
servons de la double appellation de »*conseils*
d'entreprise« et »*comités* d'entreprise«. Il importe
de remarquer qu'en Tchécoslovaquie, il y a lieu
de distinguer les conseils d'entreprise existant
dans l'industrie minière et institués par la loi du
25 février 1920, des *comités* d'entreprise créés par
la loi du 12 août 1921 pour les autres industries.
D'une création plus ancienne — ils sont nés un an et
demi avant les comités d'entreprise dans les autres
industries — et étant donné qu'ils ont été établis
dans une industrie ayant un caractère très uni=
forme, les conseils d'entreprise sont, du point de
vue ouvrier, beaucoup plus avantageux que les
comités. Leurs attributions sont réglementées par
les dispositions suivantes de la loi:

Un conseil d'entreprise sera institué pour toute
exploitation minière indépendante — l'exception
des hauts fourneaux — occupant au moins 20
ouvriers et existant depuis au moins six mois.

Les attributions des conseils d'entreprise sont
les suivantes:

1⁰ Collaborer à l'application des prescriptions légales sur les mines ainsi que des règlements officiels sur la protection des travailleurs et sur l'hygiène industrielle ; prendre part dans les commissions aux négociations relatives à ces questions ;

2⁰ émettre des propositions concernant les améliorations à apporter à l'exploitation ;

3⁰ surveiller l'application des accords relatifs aux salaires ;

4⁰ aider au maintien de la discipline ;

5⁰ servir de médiateur en cas de plaintes ;

6⁰ intervenir dans les cas de renvois d'ouvriers ;

7⁰ administrer ou collaborer à l'administration de toute institution tendant à améliorer la situation des travailleurs ;

8⁰ examiner le bilan annuel et les comptes de l'entreprise.

Le conseil d'entreprise, par contre, n'a pas le droit de s'immiscer dans la direction et la marche de l'entreprise en promulguant des règlements de sa propre initiative.

Dans les entreprises occupant de 20 à 100 travailleurs, le conseil se compose de 3 membres ; ce nombre augmente progressivement pour atteindre le chiffre de 17 dans les entreprises comptant plus de 4000 travailleurs. Les employés de l'entreprise délèguent un représentant au conseil d'entreprise lorsqu'il se compose de 5 membres, et il est ajouté

1 représentant des employés par nouveaux 5 mem=
bres ouvriers.

Les membres du conseil et leurs suppléants sont
élus au scrutin direct et secret, et dans les entre=
prises où sont employés plus de 100 travailleurs,
ils sont élus au système de la représentation pro=
portionnelle. Lorsque les employés ont droit à
être représentés au conseil d'entreprise, les élec=
tions pour les ouvriers et les employés se font
séparément.

Toutes les personnes employées dans l'entre=
prise, sans distinction de sexe, bénéficient du droit
de vote, à la condition toutefois qu'à la date des
élections, elles soient employées depuis trois mois
au moins dans l'entreprise, qu'elles aient accompli
leur dix=huitième année, et qu'elles jouissent de
leurs droits civiques. Est éligible au conseil d'en=
treprise toute personne employée dans l'entreprise
depuis six mois au moins, et dans le district de
l'exploitation minière depuis trois ans, elle doit
en outre avoir accompli sa vingt=quatrième année.
Lorsqu'il s'agit d'étrangers, le principe de la réci=
procité est appliqué.

Le conseil d'entreprise est élu pour une période
de deux ans. Toutefois, dans le cas où les deux
tiers des personnes ayant droit de vote en feraient
la demande écrite, il sera dissous par l'autorité
minière du district dans un délai de 15 jours après

le dépôt de la requête, et simultanément de nouvelles élections seront annoncées.

Les fonctions de membre d'un conseil d'entreprise ne sont pas rétribuées. Les membres du conseil n'ont droit qu'à une indemnité pour la perte
inévitable de gain qui en résulte pour eux. Il est
interdit au chef d'entreprise ou à son fondé de
pouvoirs d'entraver ou de limiter les ouvriers ou
employés dans l'exercice de leurs droits électo-
raux et dans leur activité de membres du conseil
d'entreprise ou du conseil de district. Pendant
la durée de leur mandat, les membres du conseil
d'entreprise et du conseil de district ne pourront
être congédiés qu'avec l'assentiment du tribunal
d'arbitrage. Cet assentiment, cependant, n'est pas
requis dans les cas suivants : lorsqu'un membre
du conseil d'entreprise ou de district a encouru
une condamnation judiciaire pour crime, délit ou
contravention commis dans un but de lucre, ou
contre la moralité publique ; lorsqu'il s'est livré
à des voies de fait sur son patron, sur le représentant de celui-ci, sur un membre de la
famille de son patron ou sur un de ses camarades,
particulièrement s'il a attenté à la liberté d'opinion ; enfin, lorsqu'il s'est rendu coupable d'inju-
res grossières envers les personnes susmentionnées.

La direction de l'entreprise délègue un techni-
cien et un employé de commerce au conseil d'entre-

prise, avec voix consultative. Le chef d'entre=
prise, préside les conférences qui réunissent le
conseil d'entreprise et la direction. Le conseil
d'entreprise a le droit d'inviter à ces conférences
des représentants des organisations syndicales
ainsi que des experts.

Les conseils d'entreprises d'un district minier
élisent parmi leurs membres un *conseil de district*.
Sur l'ensemble du territoire tchécoslovaque, ces
conseils de district sont au nombre de 9, chiffre
répondant au nombre des administrations mi=
nières. Le conseil de district comprend 10 mem=
bres lorsque 10.000 travailleurs au plus sont
employés dans le district; ce nombre augmente
progressivement et atteint le chiffre de 35 pour
50.000 travailleurs. Le conseil de district est élu
pour une période de deux ans au système de la
représentation proportionnelle. Les conditions
d'éligibilité sont les mêmes pour le conseil d'entre=
prise; toutefois, un quart des membres du con=
seil de district peuvent être choisis parmi les non=
électeurs et représenter les organisations syndica=
les d'ouvriers et d'employés.

Les attributions des conseils de district sont les
suivantes:

1° fixer les règles générales, valables pour tout
le district, concernant l'application de la loi sur
les conseils d'entreprise;

2° régler les conflits qui peuvent s'élever entre la direction d'une entreprise et un conseil d'entreprise ;

3° collaborer à l'établissement de règles uniformes de travail pour le district tout entier. Les règlements de travail et de service ne peuvent être promulgués ou modifiés qu'avec l'assentiment du conseil de district ;

4° collaborer à la conclusion de contrats collectifs relatifs aux salaires et aux conditions de travail, après leur examen par les organisations syndicales, et veiller à leur exécution ;

5° apporter leur concours au placement des travailleurs ;

6° collaborer à la fixation des prix du charbon et à sa répartition ;

7° déterminer les parts à attribuer aux conseils de district sur les bénéfices nets, de manière que celles-ci soient utilisées au mieux des intérêts des travailleurs ;

8° élaborer un rapport au moins une fois par an, sur leur activité et les résultats financiers de leur gestion.

Un conseil d'employés, pris parmi les membres du conseil de district, en forme une section spéciale et s'occupe des questions intéressant particulièrement les employés.

Les conseils de districts fixent les contributions des exploitations minières destinées à subvenir

aux dépenses des conseils de district et des con=
seils d'entreprise, ainsi que des institutions créées
par eux, contributions dont le montant doit être
homologué par les autorités officielles chargées
du contrôle de l'exploitation minière.

Telles sont les principales dispositions légales
concernant les conseils d'entreprise et de district
dans l'industrie minière.

### Participation des mineurs à l'administration et aux bénéfices nets des entreprises minières.

Simultanément à la loi sur les conseils d'entre=
prise et de district dans les mines, il a été pro=
mulgué en Tchécoslovaquie une loi relative à la
participation des mineurs à l'administration ainsi
qu'aux bénéfices des entreprises minières. Aux
termes de cette dernière loi, il doit être créé, auprès
de toute entreprise employant plus de 100 person=
nes d'une façon permanente, un *conseil* d'exploita=
tion mixte, auquel incombent des tâches com=
munes à celles assumées par les conseils d'entre=
prise d'une même exploitation (appartenant à un
seul exploitant). Le Conseil mixte se compose de
7 membres, dont 2 sont choisis parmi les ouvriers
et 1 parmi les employés, les autres membres étant
désignés par l'employeur.

L'employeur est tenu de soumettre au Conseil d'exploitation : *a)* un rapport trimestriel sur la marche commerciale de l'exploitation ; *b)* un rapport de gestion annuel sur ses finances ; *c)* le bilan et le compte des profits et pertes ; *d)* un projet de répartition des bénéfices nets.

La part due aux ouvriers est fixée à 10% du bénéfice net réparti entre les propriétaires de l'exploitation. La part attribuée aux mineurs est remise au conseil de district et c'est à celui-ci de décider de l'emploi qui en sera fait.

Les salariés se montrent assez sceptiques à l'égard des effets de cette disposition de la loi, et il est certain que la part de 10% qui leur est accordée n'est guère suffisante pour les encourager à déployer leurs efforts en vue d'augmenter les bénéfices de l'exploitation, augmentation dont les actionnaires seraient les premiers à profiter. Si donc les conseils d'entreprise et de district cherchent à rendre le travail plus rationnel, il ne le font pas dans le but d'augmenter la part de bénéfices qui revient aux ouvriers, mais afin de permettre aux entreprises de réduire le prix de vente du charbon et de payer ainsi des salaires satisfaisants.

Les 10% prélevés sur le bénéfice net en faveur des ouvriers sont considérés généralement comme une sorte d'impôt payé par les employeurs au profit des besoins sociaux des ouvriers. La som-

me globale versée annuellement par les entrepri=
ses aux conseils de districts s'élève à 5 millions
de couronnes; elle est affectée à des buts d'intérêt
général, tels que : allocations supplémentaires aux
pensions des mineurs retraités, séjour des mineurs
malades dans les stations balnéaires (notamment
dans celle de Bohdaneč, dont les conseils de
districts sont co=propriétaires), envoi d'enfants
d'ouvriers à la campagne et à la mer, etc. Ces
derniers temps, on envisage la création d'asiles
pour les mineurs âgés et nécessiteux.

Cet emploi de la part de $10^0/_0$ rend la loi
beaucoup plus sympathique aux ouvriers qu'elle
ne le serait autrement; il montre que les ouvriers
ne font pas dépendre leur existence de la part de
bénéfice relativement faible qui leur est attribuée,
mais bien des conditions générales de salaires.

### Les comités d'entreprise dans les autres industries.

Une année et demie après la création des con=
seils d'exploitation, d'entreprise et district dans
l'industrie minière, les corps législatifs tchécoslo=
vaques ont voté une loi sur les comités d'entre=
prise dans l'industrie et le commerce*). Cette loi

*) Loi du 13 août 1921 (N° 330 du *Bulletin des lois
et décrets*) et décret du 23 décembre 1921 (N° 2 ex 1922
du *Bulletin des lois et décrets*).

est d'une portée beaucoup moins étendue que la précédente, ainsi qu'il ressort d'ailleurs de son appelation, car, en 1921, le mot de *conseil* d'entreprise était apparu à la majorité des parlementaires tchécoslovaques comme trop révolutionnaire, et c'est pourquoi la nouvelle loi introduit la dénomination de *comités* d'entreprise.

La loi tchécoslovaque stipule tout d'abord qu'il ne peut être créé de comité d'entreprise que dans les etablissements, employant au moins 30 ouvriers pendant l'année entière ; elle s'écarte sur ce point des lois autrichienne et allemande, en vertu desquelles des comités d'entreprises peuvent être créés déjà dans les entreprises employant 20 ouvriers.

De plus, la loi tchécoslovaque ne prévoit aucune représentation ouvrière dans les entreprises occupant moins de 30 travailleurs, tandis que les lois autrichienne et allemande prescrivent dans ces établissements l'élection d'un mandataire des ouvriers.

Les attributions qui, en vertu de la loi tchécoslovaque, sont dévolues aux comités d'entreprise, sont particulièrement étendues et analogues à celles des conseils d'entreprises en Allemagne et en Autriche.

Les comités d'entreprises sont appelés en premier lieu, aux termes de la loi tchécoslovaque, à défendre les intérêts économiques, sociaux et moraux des travailleurs.

Ils sont tenus notamment de veiller à l'observation des clauses des contrats de travail et des règlements relatifs aux salaires et aux conditions de travail, conclus entre les organisations patronales et ouvrières. Les comités d'entreprise n'ont pas le droit de conclure, de leur propre chef, des contrats collectifs, car les conventions signées par les organisations syndicales embrassent, en règle générale, soit une branche entière de la production, soit un territoire déterminé et sont, en conséquance, plus utiles du point de vue économique, que les conventions forcément limitées que pourraient négocier les comités d'entreprise.

Les comités d'entreprise veillent, en outre, à l'application des dispositions légales relatives à la protection des ouvriers, et en particulier de celles se rapportant aux accidents, aux mesures d'hygiène et aux assurances. Leur collaboration porte également sur le maintien de la discipline et de l'ordre dans l'entreprise, ainsi que de bonnes relations entre la direction de l'entreprise et les ouvriers, et entre les ouvriers eux-mêmes. Le comité d'entreprise est entendu dans tous les cas de renvois d'ouvriers, et c'est là une de ses attributions les plus importantes. S'il estime que le congé-

diement de salariés occupés dans l'entreprise de=
puis plus de trois ans, est injustifié, il peut sou=
mettre la question à une commission d'arbitrage.

Dans le cas où la commission d'arbitrage, com=
posée d'un juge de profession comme président,
d'un expert, de deux représentants des patrons et
de deux représentants des ouvriers, constate que
l'ouvrier a manifestement été congédié en raison
du rôle qu'il joue dans la vie publique, ou par
suite de son adhésion à une organisation politique
ou syndicale, ou bien lorsqu'elle estime que le
renvoi de l'ouvrier ou employé est une mesure
trop rigoureuse (non justifiée par sa conduite ou
par les circonstances), étant donné son âge, la
durée pendant laquelle il a été employé dans
l'établissement, ou sa situation de famille et ses
moyens d'existence, la commission peut faire rap=
porter la mesure prise par le patron.

Elle décide alors que le patron doit, soit re=
prendre l'ouvrier ou l'employé à son poste anté=
rieur dans les mêmes conditions que précédem=
ment, et en même temps lui verser une indemnité
pour la perte de gain subie dans l'intervalle, soit
procurer à l'ouvrier ou employé un autre emploi
avec un salaire équivalent, soit verser à l'ouvrier
ou employé une indemnité à titre de règlement
forfaitaire et égale au montant du salaire d'une
à quatre semaines. Au début, on a essayé de

transgresser la loi en faveur des patrons, en l'inter=
prétant de telle sorte que ceux=ci avaient eux=
mêmes la faculté de choisir entre ces trois éventu=
alités. Le patron choisissait toujours la condition
la plus favorable, à savoir le paiement de l'indem=
nité forfaitaire. Cette interprétation abusive a été
condamnée ces derniers temps ; c'est à la commis=
sion d'arbitrage seule de fixer le mode de dédom=
magement, en prenant en considération toutes les
circonstances dont il fait état par la loi.

De la sorte, on contribue à diminuer l'angoisse
du travailleur devant un lendemain incertain, an=
goisse qui pèse sur toute son existence et qui lui
vaut — particulièrement à ceux qui ont une cons=
cience délicate ou sont arrivés à un âge avancé —
des moments de découragement et lui ôte la joie
de vivre. De plus, ces dispositions ont une signi=
fication incontestable en ce que, conférant à l'ou=
vrier certains droits dans l'entreprise où il est
occupé, elles le portent à estimer davantage son
propre travail et le rendent plus conscient de ses
devoirs. Les vieux agriculteurs tchèques ont cou=
tume d'affirmer que le meilleur ouvrier agricole
est celui qui, parlant des biens de son patron, dit
»mes chevaux« et »nos champs«, c'est=à=dire celui,
qui se sent chez lui à la ferme. De même, un
ouvrier ou un employé ne peut s'adonner à son
travail avec ardeur que lorsqu'il se sent chez lui

à l'entreprise, en d'autres termes, lorsque la me=
nace de perdre sa place ou son gain n'est pas
continuellement suspendue sur sa tête comme une
épée de Damoclès.

En dehors des attributions que nous venons
d'énumérer, les comités d'entreprise ont encore
à assumer un certain nombre de tâches d'ordre
économique et juridique; ainsi ils ont à examiner
les rapports que leur soumet la direction sur la
situation de l'établissement, à émettre des propo=
sitions tendant à l'amélioration de la production
et principalement au perfectionnement de l'outil=
lage, et des méthodes de travail. D'autre part,
les comités d'entreprise doivent se faire repré=
senter dans les conseils d'administration et de
surveillance des sociétés par actions dont le capital
social s'élève au moins à un million de couronnes
tchécoslovaques; ils ont enfin à se prononcer dans
tous les cas de licenciement en masse d'ouvriers.

Les comités d'entreprise sont élus pour une
période d'une année au système de la représen=
tation proportionnelle; ils comprennent de 3 à 20
membres et un nombre égal de suppléants. Dans
les entreprises comptant au moins 30 salariés et
60 au plus, le comité d'entreprise est composé de
3 membres; il comprend 20 membres dans les
entreprises occupant plus de 10.000 salariés. Peut
prendre part à l'élection du comité d'entreprise

toute personne *a)* âgée de 20 ans au moins, *b)*
travaillant dans l'entreprise depuis trois mois au
moins, à la date où l'élection est annoncée et
*c)* n'ayant encouru aucune condamnation pour
un crime, un délit ou une contravention entraî=
nant la perte de ses droits civiques. Est éligible au
comité d'entreprise tout citoyen tchécoslovaque,
âgé de 26 ans au moins et travaillant depuis 12
mois consécutifs — en certains cas depuis 6 mois
— dans l'entreprise ou ayant travaillé comme
artisan dans la même industrie pendant trois ans
au moins.

Aucun membre titulaire ou suppléant du comité
d'entreprise ne peut être renvoyé sans le consen=
tement de la commission d'arbitrage; ledit consen=
tement n'est pas requis dans le cas où un membre
du comité d'entreprise aurait été congédié pour
des motifs permettant au patron de renvoyer un
salarié sans préavis, en vertu des dispositions de
la loi.

D'une façon générale, à en juger par les résul=
tats acquis jusqu'à ce jour, l'activité des conseils
et des comités d'entreprise a été satisfaisante. Elle
a été entravée au début par un certain nombre
de différends dus à des divergences d'interprét =
tion des passages de la loi qui prêtaient à la
controverse : mais ces divergences ont disparu à
l'heure actuelle. De même la défiance avec la=

quelle certains travailleurs ont accueilli, dans les premiers temps, la création des conseils et des comités d'entreprise s'est dissipée à la longue et le nombre des votants augmente de plus en plus. Cette défiance s'explique dans une certaine me=sure par l'agitation du parti communiste, qui a voulu ne voir dans la loi sur les conseils d'entre=prise qu'une duperie ayant pour but détourner le prolétariat de la résolution sociale ; elle s'ex=plique, d'autre part, par le fait que certains pa=trons, affectant de s'en tenir strictement à la lettre de la loi, se sont refusés à accepter le maintien des contrats collectifs entérieurement conclus avec les syndicats et généralement plus favorables aux intérêts ouvriers que les clauses de la loi sur les comités d'entreprise. Point de vue inadmissible, étant donné que la loi tchécoslovaque sur les comités d'entreprise n'invalide en aucune façon les contrats collectifs : c'est même le contraire qui est vrai, puisqu'elle charge les comités d'entre=prise du soin de veiller à l'exécution de ces con=trats.

L'activité elle=même des comités d'entreprise et plusieurs jugements rendus par les tribunaux compétents ont confirmé ce principe que la loi sur les comités d'entreprise, comme d'ailleurs toutes les lois protectrices des ouvriers, ne représente que le minimum des droits dont ceux=ci doivent bénéficier. On peut lui substituer un contrat libre plus favorable aux salariés, mais jamais un contrat plus avantageux pour les employeurs. Si l'on fixait, dans le domaine social, au moyen d'une loi de protection quelconque, le *maximum* des droits que peuvent obtenir ceux que la loi est censée protéger, non seulement cette loi n'aurait plus aucun sens, mais encore elle irait à l'encontre de tout progrès social.

Là où les dispositions de la loi et celles du contrat collectif sont divergentes, c'est le contrat collectif qui fait autorité; il en est ainsi pour tous les points qui ne sont pas réglés par la loi ou lorsque les clauses du contrat collectif sont plus avantageuses pour les salariés. Ainsi, la loi n'autorise pas le conseil d'entreprise à collaborer à l'embauchage de la main-d'oeuvre; mais partout où ce droit est garanti aux ouvriers par les contrats collectifs, il est transféré au comité d'entreprise. Ces droits supplémentaires ne sont évidemment valables que dans les limites de validité des contrats; ils peuvent être augmentés ou restreints par de nouveaux contrats, mais jamais cependant être inférieurs à ceux que la loi assure aux salariés. Ainsi, la loi ne dispense pas le président du comité d'entreprise de l'obligation de travailler; néanmoins, dans un certain nombre de grandes entreprises, il y a toujours un ou deux membres du comité qui bénéficient de cette dispense, en vertu d'une stipulation spéciale du contrat collectif.

En revanche, la loi octroie aux employés certains droits dont ils ne jouissaient pas en vertu des clauses des contrats collectifs les plus avantageux. C'est, outre la protection des conditions de travail, le droit pour les comités d'entreprise de se faire représenter dans les conseils d'administration, le droit d'examiner le bilan, etc.

L'expérience a montré l'incontestable utilité des conseils et comités d'entreprises, principalement lorsque le personnel est suffisamment instruit. Un grand nombre de conseils et comités d'entreprise ont su, pas leur activité, s'imposer au respect des employeurs et des salariés, pour le plus grand avantage de l'établissement, de l'industrie et du pays tout entier. Il est intéressant de constater qu'aucune objection sérieuse n'a été présentée par les patrons contre l'activité des comités d'entreprise. Au contraire, nombreux ont été ceux qui ont rendu hommage à cette institution, hommage d'autant plus méritoire qu'une déclaration publique de ce genre est généralement exploitée par les communistes, qui s'en servent pour »démontrer« que les comités d'entreprises sont au service des employeurs. L'inspectorat industriel est à cet égard moins suspect;

il reçoit de ses inspecteurs des rapports réguliers,
qui, réunis en une publication annuelle, ne laissent
pas d'être édifiants. Nous lisons ainsi, dans le
rapport général de 1923, le passage suivant:

»Vu la faible durée de leur activité et leur in=
»fluence souvent moins apparente que réelle, il est
»difficile de se faire dès maintenant une idée
»précise de l'influence exercée par les comités
»d'entreprises. Néanmoins, les renseignements
»recueillis par de nombreux inspecteurs de travail
»sont, dans leur grande majorité, *favorables*
»*à cette nouvelle institution*. Si les anciens »co=
»mités de mandataires ouvriers« se ressentaient
»de l'imprécision de leurs attributions, les co=
»mités d'entreprises qui les remplacent aujourd'hui
»ont cet avantage de connaître exactement la li=
»mite de leurs devoirs et de leurs droits. Les dis=
»positions légales qui règlent cette nouvelle insti=
»tution sont pleinement respectées par les direc=
»tions des établissements, qui savent gré aux co=
»mités d'entreprises d'exercer une excellente in=
»fluence sur la discipline des ouvriers et de veiller
»au maintien de l'ordre. Les rapports mentionnent
»encore l'heureux effet du contrôle exercé par les
»comités en ce qui concerne l'application des con=
»trats de salaires et de travail, de la collaboration
»qu'ils apportent à l'élaboration des règlements
»de travail, de leur surveillance sur les travail=

»leurs adolescents astreints à la fréquentation
»scolaire, de l'intérêt qu'ils portent à l'état de
»santé des ouvriers et à l'amélioration des condi=
»tions d'hygiène dans les exploitations. Les tâches
»assignées par la loi aux comités d'entreprises ne
»sont pas toujours aisées et exigent souvent pour
»être menées à bien, beaucoup de prudence. Tout
»particulièrement lorsqu'il s'est agi, pour eux de
»donner leur avis sur la limitation de la produc=
»tion, à laquelle des entreprises se sont vues dans
»la nécessité de procéder, ils ont — malgré les
»lourdes responsabilités qu'ils assumaient ainsi
»à l'égard des ouvriers — efficacement contribué,
»par leur bon sens et leur connaissance de la si=
»tuation, à permettre un règlement amiable de ces
»questions délicates.«

Ce passage extrait du rapport des inspecteurs
de travail, fonctionnaires objectifs et compétents,
montre que les comités d'entreprises ne sont pas
une institution due à la réforme hâtive et irréfléchie
d'après=guerre, mais un utile facteur de la vie so=
ciale et économique. Il y a lieu de noter toutefois
que les comités d'entreprises ne peuvent remplir
toute leur mission que lorsqu'ils trouvent un ter=
rain favorable à leur activité, c'est=à=dire lorsqu'ils
s'appuient sur le bon sens et une instruction suf=
fisamment développée des travailleurs. Les expé=
riences réalisées en Tchécoslovaquie l'attestent

éloquemment, car on en trouve la démonstration *a contrario* en Slovaquie et plus encore en Russie Subcarpathique. Si en Slovaquie il n'y a qu'un petit nombre d'établissements où les comités d'en= treprises ont pu être institués, en Russie Subcar= pathique il n'en existe, suivant le rapport des ins= pecteurs de travail, aucun. Ce fait tient à une in= suffisante préparation des ouvriers. Par contre, en Bohême et dans les autres régions du pays, habi= tées par les ouvriers intellectuellement plus déve= loppés, l'activité des comités d'entreprises, nous l'avons constaté plus haut, donne toute satisfac= tion. Il importe toutefois de remarquer que le développement des comités d'entreprises a été en= travé en Tchécoslovaquie par les menées subver= sives des communistes. Ceux=ci, après avoir, au début, combattu la loi, ont cherché ensuite à se servir des comités d'entreprises pour leurs propres fins politiques et à susciter des difficultés entre ces derniers et les organisations syndicales.

En ce qui concerne les conseils d'entreprises de l'industrie minière, leur activité a été tout particuliè= rement heureuse. C'est un fait indéniable aujour= d'hui que la participation des employés à la gestion des mines a exercé une influence bienfaisante à l'époque de transition entre le régime de la régle= mentation de l'exploitation minière par l'Etat et celui de la liberté, et qu'elle a beaucoup contribué

à la sauvegarde des conquêtes réalisées par les
ouvriers après la libération nationale, sans qu'au=
cun trouble social grave ne se soit produit dans
le pays. Les conseils d'entreprise et de district ont
mené avec succès une campagne destinée à con=
vaincre les milieux gouvernementaux et l'opinion
publique de la nécessité d'un abaissement du taux
de l'impôt sur le charbon, grevant lourdement le
transport et la production minière, ils ont contri=
bué en outre à augmenter la production et le ren=
dement par une amélioration des méthodes de
travail et de l'outillage. L'activité des comités
d'entreprises a été encore très satisfaisante sur bien
d'autres points. Elle a éveillé l'intérêt des ouvriers
pour les questions économiques, elle a organisé un
certain nombre de cours techniques, et, par là, elle
a élevé le niveau intellectuel des ouvriers, pour le
plus grand avantage du pays tout entier.

L'expérience a donc montré en Tchécoslovaquie
le rôle bienfaisant des conseils et comités d'entre=
prises, institution qui est intimement liée au mou=
vement syndical moderne. Il est incontestable que
les conseils et comités d'entreprises, aussi bien que
les organisations syndicales ont eu une part très
large dans la consolidation économique et politi=
que de ce pays, et lui ont épargné bien des luttes
sociales, sans d'ailleurs affaiblir pour cela l'influ=
ence de la classe ouvrière.

Les travailleurs de toutes les nations, aussi bien que les employeurs et les gouvernements devraient, dans leur propre intérêt et dans l'intérêt général, se préoccuper activement du problème de la *démocratie industrielle*. Les principes de la démocratie ne doivent pas être appliqués seulement dans l'ordre politique mais encore dans l'ordre économique. Puissent les expériences réalisées en Tchécoslovaquie dans le domaine des conseils d'entreprises hâter la solution de cette importante question dans les autres pays !

# LE CHÔMAGE EN TCHÉCOSLOVAQUIE.

Par *Dr. Jaroslav Janko.*

»Une personne désireuse de travailler, mais ne trouvant pas d'emploi est, peut=être, la manifesta= tion la plus triste de l'inégalité qui règne dans la répartition des dons de la Fortune sur la terre.« Ces paroles de Carlyle montrent bien l'importance du problème du chômage et de sa solution. Aussi, ceux qui ont reconnu l'importance du chômage dans la vie économique, qui ont pu se rendre compte de son étendue et de ses effets désastreux doivent=ils chercher les moyens d'y remédier. C'est pourquoi, après la guerre, la première tâche de tous les pays a été de chercher la meilleure solution de ce problème. Dès que finit la guerre, en effet, la situation de la main=d'œuvre apparut très difficile dans tous les Etats de l'Europe Cen= trale, et, partant, en Tchécoslovaquie. On en con= naît les raisons : Par suite de la décomposition subite de l'armée austro=hongroise et de la dé= militarisation de l'industrie, des masses de travail= leurs se trouvèrent sur le pavé. Il n'était pas pos= sible de les occuper, la production industrielle étant entravée par le manque absolu de matières premières et des produits demi=ouvrés importés de l'étranger : par l'irrégularité des transports tant à l'étranger que dans le pays ; par des difficultés de change et de crédit. Il faut ajouter à cela la pénurie de charbon entraînant une augmentation de prix, du fait que les mines avaient été négligées au point de vue technique par suite du mode d'ex= traction pratiqué pendant la guerre, et de l'abais= sement du rendement des mineurs. La tâche la plus urgente était donc de résoudre la question du chômage, c'est=à=dire, en somme, de procéder à la réglementation du marché du travail. Les sec= tions compétentes du Ministère de la Prévoyance Sociale, et plus tard de l'Institut Social, furent en conséquence chargées d'étudier le problème et d'élaborer un projet de loi sur le placement. Il fallait toutefois pourvoir immédiatement à l'assis= tance aux chômeurs. La loi du 10 décembre 1918, N° 63 du Bulletin des lois et décrets, portant créa= tion de secours aux chômeurs réglait la question. Cette loi ne devait cependant rester en vigueur que pendant une brève période, jusqu'au 15 fév= rier 1919 ; elle ne contenait par conséquent pas de stipulations touchant les crédits à affecter à des travaux uniquement destinés à remédier au chô= mage. Malheureusement, la crise dura plus long= temps que l'optimisme révolutionnaire le laissait prévoir. Force fut de proroger la loi, qui devint d'abord la loi du 21 août 1921, N⁰ 322 du Bulletin des lois et décrets, puis du 21 décembre 1921 N° 482, laquelle, modifiée, fut prorogée jusqu'à la fin de 1923 par la loi du 21 décembre 1922, N° 400, qui, à son tour, fut prorogée jusqu'à la fin de juin 1924 par la loi du 21 décembre 1923 N° 263 du Bulletin des lois et décrets. Récemment enfin, cette loi fut prorogée jusqu'à la fin de mars 1925.

Ont droit au secours tous les citoyens tchéco=slovaques exerçant un emploi ou un service défini par un contrat de travail, de service ou d'appren=tissage, mais ne l'exerçant pas comme un emploi supplémentaire ou occasionnel, s'ils chôment sans qu'il y ait eu faute de leur part. Ont le même droit les citoyens tchécoslovaques chômant par suite de l'achèvement de leur service militaire, notamment les soldats du service actif et ceux de la réserve démobilisés après la guerre. Les ressortissants étrangers habitant la Tchécoslovaquie jouissent des mêmes droits à condition que leur pays pos=sède une législation analogue et qu'il traite les na=tionaux tchécoslovaques de la même façon que les siens. Par voie de traité, la réciprocité a été obtenue notamment en Autriche, en Allemagne et en Suisse.

N'ont pas droit au secours les grévistes ou les employés congédiés pendant la durée d'une grève

ou d'un lock=out ; ceux qui, sans motif suffisant,
quittent volontairement leur emploi ; ceux qui en
raison d'incapacités mentales ou physiques ne
peuvent exercer un emploi régulier ; ceux qui tou=
chent des secours pour maladie ; ceux qui dispo=
sent de moyens d'existence suffisants ; ceux qui
résident à l'étranger ou sont ouvriers saisonniers.
L'article 19 de la loi autorise le gouvernement à
étendre, par voie de décret, le droit au secours de
chômage à certaines catégories d'ouvriers saison=
niers et de fixer pour eux les conditions spéciales
d'obtention et de durée, ainsi que le montant des
allocations, et cela après consultation du bureau
des syndicats intéressés. Le gouvernement a pro=
fité de cette autorisation pour publier le décret du
19 janvier 1922, N⁰ 11 du Bulletin des lois et dé=
crets, étendant également l'application de la loi sur
les secours de chômage aux ouvriers du bâtiment.

Perdent le droit au secours ceux qui l'ont
touché durant six mois consécutifs. Le Ministre
de la Prévoyance Sociale peut, d'accord avec le
Ministère des Finances, pour certains districts et
certaines professions, prolonger cette période
jusqu'à une année et demie. Cette mesure s'est,
par exemple, imposée pour les ouvriers textiles
de certaines régions. Perdent le titre aux secours
ceux aussi qui, deux fois par semaine, ne se pré=
sentent pas au Bureau de placement public, ceux

qui ont réfusé d'accepter le travail qui leur était offert et qui correspondait à leurs qualités intel‑ lectuelles et physiques, si ce travail ne portait pas atteinte à leurs qualités de spécialistes et s'il est rémunéré conformément au tarif des salaires.

Le montant du secours de chômage est de huit couronnes tchécoslovaques par chômeur et par jour dans les communes ne comptant pas plus de 7.000 habitants. Il est de dix couronnes dans les communes de plus de 7.000 habitants. La loi pri‑ mitive réglait le chiffre du secours de chômage sur celui du secours en cas de maladie; il ne devait toutefois pas dépasser six couronnes par jour; pour les démobilisés, la loi prévoyait quatre cou‑ ronnes au maximum, pour les ouvriers agricoles deux couronnes. En plus du secours de chômage, le chômeur a droit à une allocation pour charge de famille, qui est de deux couronnes pour la femme ou compagne, d'une couronne par enfant, légitime ou adopté, âgé de moins de 14 ans, vi‑ vant au domicile du père et nourri par lui. La somme du secours, allocations de famille compri‑ ses, ne doit pas cependant dépasser seize couron‑ nes, et dans les communes de plus de 7.000 habi‑ tants dix‑huit couronnes par père de famille et par jour. Récemment, on a décrété la diminution de ces tarifs.

Dans une même famille, le droit à un secours

de cinq couronnes par jour ne peut être accordé, en dehors du père de famille, qu'à deux autres membres du ménage dans le cas où ceux-ci en vertu de l'art. I, alinéa 1 de la loi, ont droit au secours. Cette somme n'est pas considérée comme faisant partie du secours total accordé au père de famille. Si dans une famille dont le père chôme, trois autres membres sont pleinement occupés, les allocations de famille ne sont pas accordées.

Le Ministère de la Prévoyance Sociale est autorisé — après consultation des syndicats — à abaisser, dans quelques districts ou pour certaines professions, les tarifs ci-dessus indiqués (là, par ex., où le secours, dans quelque district et profession, dépasse les deux tiers du salaire) ou de les supprimer, le cas échéant, si les offres de travail ont suffisamment augmenté, par ex. en été dans une région agricole, ou si les offres de travail ont suffisamment augmenté dans la profession ou le district en question, ou enfin si le coût de la vie a sensiblement baissé. On a surtout usé de cette autorisation en été dans les districts agricoles. Si l'on compare le montant des secours de chômage quotidiens accordés en Tchécoslovaquie et dans certains autres pays avec le salaire moyen d'un ouvrier spécialiste, on remarquera qu'à la fin de 1922 le secours attribué atteignait en Tchécoslovaquie, 20·6% environ du salaire d'un jour; en

Angleterre, $18\cdot7^0/_0$; en Autriche, $11\cdot3^0/_0$; en Alle=
magne, $9\cdot5^0/_0$; en France, $8\cdot0^0/_0$.

L'attribution des secours est du ressort des ad=
ministrations préfectorales, après l'avoir été, lors
de la chute de l'Autriche, des »Conseils de démo=
bilisation« composés par moitié de patrons et
d'employés, Conseils qui, d'ailleurs, n'ont pas
donné de résultats satisfaisants.

Au début de 1920, on adopta, à côté des secours
directs, un système dit de participation, qui devait
amener les établissements industriels, surtout tex=
tiles, à employer leurs ouvriers au moins en partie.
Toute entreprise employant ses ouvriers au moins
deux ou trois jours par semaine, pouvait, les autres
jours de la semaine, les payer selon les tarifs prévus
par la loi sur les secours de chômage ; l'Etat rem=
boursait alors à ces entreprises jusqu'à $90^0/_0$ des
sommes ainsi versées.

L'état d'épuisement du pays après la guerre
permit à l'industrie de travailler tout d'abord pour
le marché intérieur dans des proportions plus gran=
des que plus tard, alors que les besoins les plus
pressants étaient déjà satisfaits. On s'explique ainsi
pourquoi à partir du mois de février 1919, le
nombre des chômeurs diminua constamment et
atteignit son minimum à la fin d'octobre et de
novembre 1921.

Cette diminution coïncidait avec la baisse du

change tchécoslovaque, descendu à 5·10 centimes suisses — au mois de novembre 1921. Nous ne pouvons faire plus, en cette brève étude, que de montrer les grandes lignes suivies par l'évolution du chômage. Nous y joignons donc un tableau qui donne les principaux chiffres concernant la situation économique. Si, dans ce tableau, on considère le nombre des chômeurs et le cours de la couronne tchécoslovaque on remarquera de quelle façon sensible l'accroissement du chômage réagit sur la hausse de la couronne tchécoslovaque dans la période qui suit, et l'on voit qu'une stabi= lité relative s'est manifestée à la fois, vers la fin de 1923 et au début de 1924, dans les deux chif= fres. En 1921, la couronne tchécoslovaque était, par rapport à son pouvoir d'achat sur le marché intérieur, fort dépreciée à l'étranger; l'équilibre entre son pouvoir d'achat à l'intérieur et son cours à l'étranger fut à peu près établi en 1922. Dans la seconde moitié de 1922, nous assistons à une nou= velle hausse de la couronne tchécoslovaque; il en résulta de nouveau une disparité entre son pou= voir d'achat à l'intérieur et son cours à l'étranger. Malgré la baisse de l'index des prix de gros et de détail qui, au cours de 1922, a atteint près de 40%, l'industrie tchécoslovaque ne pouvait faire concur= rence à l'étranger. Les exportations s'en trouvèrent fort gênées et même en partie impossibles. D'autre part, les importations s'en trouvèrent stimulées, leurs prix en monnaie étrangère permettant alors des bénéfices plus élevés. Ce revirement de la situation des changes fit que les conditions de la production empirèrent excessivement dans la seconde moitié de 1922 et que le nombre des chômeurs augmenta de façon inquiétante, passant de 113.015 au mois de janvier, à 437.841 en décembre. La politique douanière protectionniste avait sans doute contribué aussi à cet état de choses.

De même le nombre des faillites et des liquidations judiciaires commence à augmenter au milieu de 1922 pour atteindre son maximum au début de 1923. Dans la seconde moitié de 1923 et en 1924, on voit les principaux chiffres de la situation économique commencer à se stabiliser.

Si l'on cherche quelles branches d'industrie qui ont le plus souffert du fait du chômage, on verra que l'industrie textile tient la première place. La période d'affaires de 1919—20 cesse vers la fin de 1920 pour reprendre brièvement en 1921. Mais la différence croissante entre le cours de la couronne tchécoslovaque et celui de la monnaie de nos clients principaux provoqua une crise commerciale.

Des commandes étrangères furent annulées et la production de la plupart des établissements fut limitée pour être, à la fin de l'année, arrêtée tout à fait. Au cours de 1923, la situation redevient de

plus en plus favorable, et vers la fin de la même
année, elle est relativement satisfaisante. Le chiffre
des chômeurs qui, dans cette branche, est à la fin
de 1923 de 32.000, est considéré comme stable ;
les ouvriers s'orientent alors, s'ils le peuvent, vers
d'autres branches de production pour y chercher
un emploi leur permettant de gagner leur vie.

L'exportation des produits métallurgiques qui,
en 1919, avait été satisfaisante, diminua et fut
presque paralysée par suite de la désorganisation
des transports et des changes chez nos voisins du
sud et de l'est, qui avaient toujours été nos meil=
leurs clients. Beaucoup d'entreprises ne travaillant
plus qu'à constituer des réserves, congédièrent
leurs ouvriers. Dans le premier semestre de 1921,
les entreprises furent relativement bien occupées,
mais, dans le second semestre, la baisse des prix
des produits demi=ouvrés sur le marché intérieur
et la baisse rapide des changes des Etats voisins
amena une crise de mévente qui dura jusqu'à la fin
de l'année. Au début de 1923, la situation empira
encore. Ce n'est que dans la deuxième moitié de
1923 que l'on voit le nombre des chômeurs dimi=
nuer par suite de la reprise des affaires résultant de
l'occupation française de la Ruhr ; le nombre des
chômeurs reste en moyenne de 17.000 environ.

Une des branches les plus atteintes, surtout en
1921, fut l'industrie du bâtiment. Le développe=

ment escompté des constructions ne s'est en effet
pas produit; les entreprises durent limiter leur
production, les exportations elles-mêmes n'ayant
pas été satisfaisantes à cause de la situation des
changes et parce que, dans certains pays étrangers,
le bâtiment n'était pas assez actif pour permettre
à notre industrie de placer ses produits sur le
marché extérieur. Si dans la briqueterie une certaine amélioration se produisit, et si quelques
entreprises ont pu accroître leur rendement, la
vente ne dépassa pas celle de l'année précédente;
en province elle baissa même sensiblement. L'Etat,
lui, favorisait abondamment le développement
des constructions; pour les bâtiments, dont les
frais de construction se montent, — de 1919
jusqu'à la fin de 1923 — à plus de 3 milliards,
les prêts garantis par l'Etat s'élèvent à plus de
2 milliards de couronnes; les obligations contractées par l'Etat par suite de sa garantie constituent
des annuités de 170 millions de couronnes.

La verrerie, l'une des principales industries
d'exportation tchécoslovaques, est assujettie aux
influences anglaises de vacillation des changes;
la stagnation qui s'est produite en 1922 dans cette
industrie diminue au cours de l'année suivante,
et en 1923, la situation devient plus satisfaisante,
bien que 11.000 verriers environ chôment encore.

Dans les entreprises minières, le nombre des

chômeurs a augmenté progressivement depuis 1921 ; c'est surtout en 1922 que le chômage a pris des proportions de plus en plus considérables, les ouvriers étant alors congédiés par suite de la baisse des changes des pays voisins. Ce n'est qu'au mois de mars 1923 que, par suite du développement de la production dans les cokeries et dans les forges, la demande de mineurs reprend et que le chômage diminue. La tendance vers une diminution dure jusqu'à la fin de 1923. Au début de 1924, le chômage s'accentua de nouveau, notamment par suite de la limitation de la production dans le bassin de Falknov.

Dans le domaine de l'assistance aux chômeurs, il convient de mentionner une mesure très importante prévue déjà par la loi de 1919 N° 569 du Bulletin des lois et décrets ; elle porte sur l'assistance par le travail. Tout corps public (communes, départements) entreprenant des travaux susceptibles de fournir un emploi à un certain nombre de personnes — surtout de chômeurs — se voit accorder une participation de l'État à ses dépenses ; cette quote-part de l'État, accordée jusqu'à concurrence des deux tiers du salaire payé aux ouvriers, ne saurait toutefois dépasser six couronnes par jour et par ouvrier. Cette quote-part a été plus tard portée à neuf couronnes par personne et par jour.

Cette forme d'assistance aux chômeurs a une importance considérable tant pour les ouvriers, que pour le Trésor et pour la situation économique du pays en général. Le corps public qui se décide à entreprendre, avec le concours du Ministère de la Prévoyance Sociale, des travaux de ce genre, trouve dans les rangs des chômeurs les travailleurs dont il a besoin ; il conclut avec eux un contrat de travail régulier ; il leur paie les salaires habituels et les dote d'une assurance en cas de maladie éventuel d'une assurance contre les accidents. Par là il permet à l'ouvrier d'obtenir, le cas échéant, après l'achèvement de ces travaux, le secours intégral de chômage, auquel, d'après la loi, il n'aurait pas eu droit à cause de la trop longue durée de son chômage. Le corps public qui, dans l'intérêt général, a entrepris de tels travaux, peut, avec le concours de l'État, construire des bâtiments d'utilité publique qu'éventuellement il aurait été obligé de bâtir par ses propres moyens. Ainsi, que, dans toutes les parties de la Tchécoslovaquie, des routes et des ponts ont pu être construits, des voies de communication endommagées ont pu être réparées, des édifices publics ont pu être construits, des travaux d'aménagement accomplis, etc. Touchant ce mode de secours, la statistique fournit les chiffres suivants :

En 1920 3.000 personnes par jour ont été occupées dans 186 œuvres d'assistance par le travail.

En 1921 3.400 personnes par jour ont été occu=
pées dans 150 œuvres d'assistance par le travail.

En 1922 7.600 personnes par jour ont été occu=
pées dans 204 œuvres d'assistance par le travail.

En 1923 14.000 personnes par jour ont été occu=
pées dans 325 œuvres d'assistance par le travail.

Sur le total des secours payés :

En 1920 et se montant à 94,978.185 c., la part
des travaux indiqués se chiffre par 3,121.671, soit
3.3%.

En 1921 et se montant à 76.156.845 c., la part des
travaux indiqués se chiffre par 7,071.407, soit
9.3%.

En 1922 et se montant à 209.398.718 c., la part
des travaux indiqués se chiffre par 14.547.460,
soit 7.0%.

En 1923 et se montant à 392.227.160 c., la part
des travaux indiqués se chiffre par 45,017.959,
soit 11.5%.

On voit l'importance qu'ont ces travaux pour
les ouvriers et pour le bien public.

Le système des secours de chômage payés uni=
quement sur la Caisse de l'État est trop onéreux
pour ce dernier ; il n'est donc considéré que comme
provisoire ; il doit durer tant que la situation éco=
nomique ne permettra pas l'application de la loi
du 19 juillet 1921 N° 267 du Bulletin des lois et

décrets touchant la contribution de l'Etat aux secours de chômage — loi introduisant le système de Gand, institué pour la première fois en 1901 à Gand, sur la proposition de M. Louis Varlez. Le principe de ce système est le suivant.*)

La commune ou l'État n'institue pas d'assurance publique contre le chômage ; il se contente d'assu= rer, prise sur les deniers publics, sa quote=part aux secours de chômage payés par les associations professionnelles sur leurs propres fonds.

Ce système a des avantages, mais il fait égale= ment l'objet de critiques. L'avantage du système consiste en ce que l'État économise les frais d'un appareil d'administration et de contrôle spécial, évite le paiement des secours à des personnes n'ayant pas d'emploi fixe et limite son assistance aux citoyens qui, à l'époque où ils ne manquaient pas d'emploi, ont pris le soin de s'assurer contre la misère. Les quotes=parts sont proportionnées aux tarifs autonomes des diverses branches de production.

Le second avantage du système est que les asso= ciations professionnelles souffriront des abus éven= tuels occasionnés par les secours de chômage et d'assistance publique dans la même mesure que

---

*) La partie ci-après est basée sur l'ouvrage du Dr. Stern : *Les fondements du droit ouvrier tchécoslovaque à Prague 1923.*

l'État et qu'elles mettront donc en jeu tous leurs moyens de contrôle en vue d'empêcher toute fraude de la part des membres peu scrupuleux ; elles feront appel à des mandataires dans les entreprises ainsi qu'à la solidarité de tous leurs membres lesquels, naturellement, veilleront à mettre la caisse commune à l'abri de toute dépense injustifiée. Le contrôle de l'Etat et les mesures prises par ses administrations contre l'abus des secours de chômage ne seront jamais aussi efficaces que l'autorité des associations professionnelles à l'égard de leurs membres.

Cette assurance, volontaire en principe, présente en réalité pour l'ensemble de l'Etat les avantages de l'assurance générale et obligatoire. Chaque travailleur peut devenir membre d'une association professionnelle — et il le devient actuellement presque toujours — par là il participe à l'assurance contre le chômage. L'expérience montre par des chiffres que le système de Gand fait, dans l'ensemble du pays, participer la grande masse des employés à l'assistance publique aux chômeurs et amène un grand soulagement et une notable diminution des dépenses occasionnées par l'assistance publique. A Gand, par exemple, les secours aux indigents diminuèrent de 50 % après l'adoption du système des quotes-parts en cas de chômage.

Des critiques se sont élevées contre le système de Gand. On dit notamment qu'il n'assure que les ouvriers organisés et qu'il favorise par là les organisations de classe. Quant à la première objection, on peut répondre que tout travailleur peut s'assurer un secours public de chômage, s'il entre dans une association. Le renforcement des organisations de travailleurs provoque par contre-coup un renforcement des associations patronales. Or, les difficultés de la période de guerre et d'après-guerre ont justement montré que les organisations professionnelles d'employeurs et d'employés sont aujourd'hui non seulement des organisations de classe luttant pour des intérêts communs, mais des centres économiques ayant leurs organes consultatifs et administratifs. Le besoin de paix sociale, de discipline et d'une organisation économique supérieure exigent que les groupes et éléments ayant des intérêts communs s'associent aussi largement que possible selon les professions.

La loi enlève tout fondement aux appréhensions qui font craindre que la quote-part de l'Etat dans les secours de chômage ne soit utilisée en vue de la lutte des classes. Elle stipule en effet que la subvention de l'Etat ne peut être payée à ceux qui chôment par suite de grève ou de lock-out (article 5 alinéa 3) et que la comptabilité des secours de chômage doit être séparée de la comptabilité générale des associations professionnelles, notamment de la comptabilité des fonds de grèves. (Article 4, alinéa 7.)*)

De plus, il faut considérer que de cette façon les associations professionnelles se verront reconnues par l'Etat et qu'indirectement on contribuera ainsi à leur unification et à leur neutralisation, les organisations professionnelles étant, en Tchécoslovaquie, généralement divisées d'après les partis politiques, influent souvent défavorablement sur la vie économique. Plus, en effet, les organisations seront grandes, plus élevés seront les secours qu'elles pourront payer à leurs membres en cas de chômage et plus élevées seront les subventions de l'Etat qu'elles obtiendront.

En vertu de cette loi, ont droit au secours de chômage les travailleurs assujettis à l'assurance obligatoire en cas de maladie, soit ouvriers, employés, domestiques, s'ils sont citoyens tchécoslovaques et membres d'associations professionnelles tenues par leurs statuts à accorder des secours de chômage à leurs membres. Sont exclus les employés de l'Etat, des entreprises publiques, et des fonds administrés par l'Etat.

---

*) Les détails touchant le contrôle de l'Etat seront réglés par un décret d'administration public, qui réglera en même temps les détails d'ordre administratif.

La subvention de l'Etat est une quote=part au secours de chômage payée par l'organisation professionnelle; elle ne saurait être payée au chômeur par l'organisation professionnelle sur la Caisse de l'Etat sans qu'un secours analogue ait été payé de ses fonds par l'organisation elle=même.

La comptabilité de l'association professionnelle est soumise au contrôle d'Etat. Le chômeur n'a pas le droit au secours ou le perd pour les raisons prévues par la loi réglant les secours de chômage, notamment pendant la durée d'une grève ou d'un lock=out, ou si le chômeur ne se présente pas trois fois par semaine au moins au bureau public de placement ou s'il refuse d'accepter un emploi lui convenant.

Au cours d'une année la quote=part de l'Etat ne peut être accordée que durant trois mois consécutifs ou, dans des intervalles, quatre mois au maximum.

La quote=part de l'Etat est égale à la somme payée au chômeur, sur ses propres fonds, par l'association professionnelle.

La somme du secours et de la quote=part de l'Etat ne doit pas dépasser les deux tiers du dernier salaire payé au chômeur; si elle dépasse ce chiffre, la quote=part de l'Etat est réduite de la différence.

Le gouvernement est libre de fixer, par voie de décret, le maximum que la quote-part de l'Etat ne devra pas dépasser par jour; pour faciliter le fonctionnement de ce système, le gouvernement est en outre autorisé à fixer aussi — tant que la situation d'après-guerre durera et après avoir consulté les associations professionnelles — le minimum de la quote-part de l'Etat pour une période déterminée, par homme, femme et employé célibataire ou marié.*)

Le système de Gand est utile et son application est possible, surtout aux époques, où la situation économique est stable, où le chômage n'apparaît pas comme un phénomène trop général. Une crise économique de cinq ans, accompagnée d'accroissements réitérés du chômage, a épuisé presque partout les fonds de secours de chômage des associations professionnelles. Il a donc été presque impossible, jusqu'ici, de mettre en vigueur la loi sur le système de Gand, malgré les dispositions (article 7, alinéa 4) permettant au gouvernement de fixer, au début de l'application du système, un minimum de subvention de l'État éventuelle-

---

*) Naturellement, l'application continue de cette exception rendrait problématique la part de responsabilité des organisations professionnelles provenant de ce que la subvention de l'Etat est en rapport constant avec le montant de leurs propres secours.

# QUELQUES CHIFFRES SUR LA SITUATION ÉCONOMIQUE DE LA TCHÉCOSLOVAQUIE.
### (ÉTAT À LA FIN DE CHAQUE MOIS.)

| Année | Mois | Nombre total des chômeurs | Dans l'industrie et les métiers* (en %) | Secours directement par l'Etat | Secours par l'int. des entreprises | Cours de la couronne tchécosl. sur la marché suisse | Exportation en quintaux | Exportation par pièces | Importation en quintaux | Importation par pièces | Nombres indices** des objets de 1ère nécessité au détail I | au détail II | en gros | Nombre des faillites en cours | Nombre des procédures de concordat en cours | Entreprises touchées par des grèves minières | d'autres industries |
|---|---|---|---|---|---|---|---|---|---|---|---|---|---|---|---|---|---|
| 1 | 2 | 3 | 4 | 5 | 6 | 7 | 8 | 9 | 10 | 11 | 12 | 13 | 14 | 15 | 16 | 17 | 18 |
| 1921 | I. | 95.768 | 4'4 | 44.633 | 12.355 | 8'— | 5,552.161 | 256.226 | 3,279.298 | 11.678 | 1628 | 3145 | | | | | |
| | II. | 105.904 | 4'9 | 44.557 | 14.469 | 7'55 | 6,719.563 | 209.672 | 3,776.207 | 24.057 | 1454 | 3077 | | | | 21 | 712 |
| | III. | 102.801 | 4'7 | 38.002 | 15.296 | 7'67 | 8,500.711 | 359.874 | 4,044.219 | 22.771 | 1362 | 2815 | | | | | |
| | IV. | 100.505 | 4'7 | 30.991 | 18.061 | 7'75 | 8,147.436 | 358.002 | 4,368.558 | 35.460 | 1366 | 2546 | | | | | |
| | V. | 108.615 | 5'1 | 31.225 | 16.292 | 8'425 | 7,575.969 | 178.927 | 2,390.155 | 19.096 | 1372 | 2296 | | | | 75 | 542 |
| | VI. | 104.008 | 4'9 | 32.840 | 13.283 | 7'95 | 9,297.632 | 420.967 | 3,500.843 | 20.383 | 1388 | 2040 | | | | | |
| | VII. | 96.815 | 4'6 | 30.782 | 10.032 | 7'65 | 9,285.260 | 379.693 | 2,756.057 | 20.542 | 1303 | 2007 | | 195* | 329* | | |
| | VIII. | 91.679 | 4'3 | 27.275 | 8.804 | 6'95 | 9,586.837 | 414.734 | 2,986.465 | 42.531 | 1351 | 2054 | | | | 30 | 345 |
| | IX. | 71.590 | 3'2 | 16.725 | 9.723 | 6'25 | 8,857.679 | 432.852 | 2,676.225 | 30.846 | 1428 | 2168 | | | | | |
| | X. | 62.896 | 2'8 | 11.672 | 8.076 | 5'10 | 7,379.951 | 372.309 | 3,599.581 | 37.127 | 1463 | 2239 | | | | | |
| | XI. | 68.479 | 3'1 | 14.037 | 9.570 | 5'60 | 7,057.615 | 413.219 | 3,120.448 | 35.236 | 1484 | 2243 | | *Bohême, Moravie et Silésie | | 70 | 351 |
| | XII. | 78.857 | 3'6 | 22.115 | 10.687 | 7.60 | 8,496.836 | 472.988 | 3,119.091 | 36.690 | 1475 | 2200 | | | | | |
| 1922 | I. | 113.015 | 5'3 | 27.300 | 27.122 | 9'90 | 6,951.443 | 299.494 | 2,989.468 | 39.322 | 1444 | 2053 | 1675 | 18 | 67 | 58 | 145 |
| | II. | 142.454 | 6'8 | 42.095 | 36.431 | 9'— | 4,263.890 | 374.406 | 2,384.185 | 39.603 | 1461 | 1960 | 1520 | 28 | 91 | 319 | 41 |
| | III. | 128.336 | 6'1 | 35.479 | 34.240 | 9'75 | 9,308.574 | 364.885 | 3,833.135 | 76.489 | 1414 | 1882 | 1552 | 29 | 120 | 4 | 155 |
| | IV. | 125.070 | 6'0 | 29.593 | 38.902 | 10'05 | 8,190.704 | 409.353 | 3,246.886 | 53.874 | 1415 | 1818 | 1491 | 27 | 100 | 1 | 65 |
| | V. | 114.584 | 5'5 | 27.826 | 35.974 | 10'10 | 9,201.366 | 408.491 | 2.763.114 | 70.084 | 1444 | 1791 | 1471 | 40 | 138 | 3 | 118 |
| | VI. | 107.702 | 5'1 | 24.899 | 31.700 | 10'10 | 9,350.186 | 368.382 | 2,373.459 | 70.860 | 1475 | 1736 | 1471 | 26 | 127 | 11 | 74 |
| | VII. | 104.273 | 4'9 | 24.216 | 30.615 | 13'— | 10,501.521 | 437.304 | 2,985.676 | 62.317 | 1430 | 1674 | 1464 | 30 | 132 | 1 | 76 |
| | VIII. | 141.308 | 6'7 | 27.813 | 48.562 | 17'25 | 7,926.348 | 394.264 | 2,083.728 | 81.427 | 1290 | 1614 | 1386 | 31 | 121 | 5 | 42 |
| | IX. | 232.394 | 11'3 | 48.420 | 91.696 | 16'60 | 7,053.233 | 417.481 | 2,018.950 | 89.496 | 1105 | 1409 | 1155 | 57 | 192 | 3 | 109 |
| | X. | 317.626 | 15'6 | 95.445 | 99.065 | 17'45 | 5,747.752 | 172.384 | 2,058.398 | 73.909 | 1016 | 1219 | 1059 | 55 | 347 | 103 | 57 |
| | XI. | 376.773 | 18'6 | 123.696 | 101.701 | 16'90 | 7,081.924 | 155.781 | 1,758.970 | 47.306 | 984 | 1156 | 1017 | 74 | 458 | 149 | 82 |
| | XII. | 437.841 | 21'8 | 175.699 | 102.645 | 16'45 | 8,972.192 | 277.998 | 3,104.527 | 87.476 | 962 | 1107 | 999 | 65 | 505 | 2 | 8 |
| 1923 | I. | 441.075 | 21'7 | 202.625 | 75.498 | 15'25 | 7,108.371 | 259.112 | 1,608.968 | 26.845 | 941 | 1061 | 1003 | 92 | 525 | 1 | 82 |
| | II. | 415.222 | 20'3 | 195.944 | 58.075 | 15'80 | 8,976.818 | 437.074 | 2,037.016 | 45.260 | 934 | 1064 | 1019 | 67 | 359 | 3 | 38 |
| | III. | 369.520 | 18'1 | 165.468 | 52.172 | 16'075 | 10,233.089 | 659.647 | 2,069.892 | 61.284 | 926 | 1047 | 1028 | 81 | 327 | 48 | 45 |
| | IV. | 310.683 | 15'1 | 124.196 | 48.587 | 16'445 | 8,569.850 | 333.297 | 2,977.172 | 63.984 | 927 | 1033 | 1031 | 92 | 274 | 3 | 68 |
| | V. | 273.234 | 13'3 | 99.351 | 44.318 | 16'56 | 11,550.739 | 322.946 | 2,488.614 | 58.947 | 928 | 1015 | 1030 | 66 | 207 | 1 | 49 |
| | VI. | 246.616 | 11'9 | 87.276 | 39.451 | 17'— | 10,944.342 | 500.282 | 3,000.624 | 68.164 | 933 | 1017 | 1001 | 72 | 215 | 1 | 105 |
| | VII. | 216.720 | 10'4 | 67.750 | 36.250 | 16'50 | 11,155.564 | 486.826 | 3,413.160 | 66.080 | 921 | 1007 | 968 | 45 | 192 | 2 | 219 |
| | VIII. | 198.121 | 9'4 | 55.981 | 37.002 | 16'35 | 10,209.794 | 413.189 | 4,173.695 | 62.397 | 892 | 982 | 958 | 54 | 141 | 278 | 26 |
| | IX. | 210.535 | 10'0 | 57.765 | 42.955 | 16'80 | 6,051.766 | 315.532 | 4,566.088 | 65.442 | 903 | 993 | 957 | 48 | 118 | — | 14 |
| | X. | 176.333 | 8'2 | 53.675 | 26.717 | 16'48 | 6,637.742 | 462.779 | 6,215.692 | 92.237 | 901 | 1010 | 973 | 50 | 151 | 2 | 23 |
| | XI. | 177.367 | 8'3 | 52.353 | 20.207 | 16'69 | 9,182.189 | 166.383 | 4,014.312 | 94.350 | 898 | 1017 | 964 | 45 | 174 | 3 | 24 |
| | XII. | 191.978 | 9'2 | 56.020 | 29.398 | 16'65 | 12,482.078 | 691.499 | 5,289.492 | 107.739 | 909 | 1030 | 984 | 47 | 192 | 2 | 12 |
| 1924 | I. | 193.105 | 9'0 | 59.435 | 18.089 | 16'65 | 7,293.227 | 405.894 | 2,477.621 | 61.981 | 917 | 1053 | 990 | 35 | 208 | — | 21 |
| | II. | 195.872 | 9'2 | 61.764 | 15.137 | 16'74 | 9,573.762 | 636.193 | 3,315.668 | 88.587 | 917 | 1050 | 1029 | 55 | 192 | 2 | 29 |
| | III. | 180.002 | 8'4 | 61.344 | 12.455 | 17'075 | 10,774.054 | 533.942 | 3,159.268 | 87.967 | 908 | 1050 | 1036 | 58 | 165 | 2 | 26 |

* Le nombre des personnes employées dans l'industrie et les métiers s'élève, suivant les résultats du dernier recensement, à 1,913.275. C'est la proportion de chômeurs dans les différents mois de 1921, 1922 et 1923 que nous indiquons ici.

** I. Objets d'alimentation, combustibles, pétrole, savon; II. Tissus, chaussures, chapeaux.

Un décret du ministère de la Prévoyance sociale en date du 28 juin 1924, N° 21.700 (III) E a fixé comme suit, à partir du 1er juillet 1924, le montant de secours de chômage: Le secours personnel accordé au chômeur est de 6 cour. par jour dans toute commune comptant jusqu'à 7.000 habitants, et de 7 cour. 50 dans toute commune dont la population dépasse ce chiffre. — Le chiffre total du secours accordé tant au chômeur chef de famille qu'aux personnes à sa charge ne saurait dépasser 14 cour. dans toute commune de plus de 7.000 habitants, et 15 cour. 50 dans toute commune dont la population dépasse ce chiffre. — Le secours à accorder à un membre salarié de la famille, s'il chôme en même temps que le chef de famille, est de 3 cour. 75 par jour.

(les dates provisoires en 1923 et 1924)

ment beaucoup plus élevé que le secours payé
sur ses propres fonds par l'association profession=
nelle. Pour appliquer cette loi, il faudra attendre
la reprise des affaires et la diminution du chô=
mage, moment, où les associations professionnel=
les pourront restaurer leurs finances. Il est à es=
pérer qu'on trouvera alors assez de courage pour
s'engager dans cette nouvelle voie et assez de con=
fiance sociale dans les associations profession=
nelles, dont la position se trouvera sûrement ren=
forcée du fait de l'adoption du système de Gand.*)

---

*) Suivant des propositions récentes, le système de
Gand doit, en Tchécoslovaquie, entrer en vigueur dès
le printemps prochain.

# LE CHÔMAGE DES TRAVAILLEURS INTEL=
# LECTUELS.

Par *B. Mathesius*.

Le titre de cette étude, et son importance, se rapportent, heureusement, à l'avenir plus qu'ils n'expriment et font ressortir l'état de choses actuel. Quand bien même aujourd'hui il nous arriverait de rencontrer des personnes possédant une ins= truction supérieure et souffrant du chômage, ils en ont toujours souffert pour un temps relative= ment court et plutôt par l'effet d'une insuffisance de notre organisation, ou même son absence totale dans la répartition des emplois entre les travail= leurs intellectuels, que d'un encombrement dans une certaine branche de l'activité. D'autre part, les cas où un intellectuel, ayant terminé ses études supérieures, occupe une place n'exigeant pas une instruction aussi coûteuse, sont purement pas= sagers et exceptionnels.

Cependant on peut dès aujourd'hui signaler comme symptomatique le danger d'une chômage dans les carrières intellectuelles en constatant l'encombrement de telle ou telle branche. Mais on peut, tenant compte de la gravité de la question, prendre toutes les dispositions voulues et faire appel à toutes les institutions pour résoudre à temps ce difficile problème. La situation dont nous parlons est due surtout à ce que, dans certains domaines de l'activité intellectuelle, on escomptait une persistance de l'état de choses existant et que l'on prévoyait l'émigration à l'étranger de travailleurs intellectuels. Cependant, la guerre et la situation de l'après-guerre, notamment dans l'Est, en ont décidé autrement.

Ce fait aurait certainement mis en danger la situation de la classe intellectuelle parmi les Tchèques si, d'un autre côté, la libération de la nation et la constitution de la République tchécoslovaque ne lui eussent ouvert des carrières beaucoup plus vastes qu'avant la guerre. En Autriche-Hongrie en effet, les hautes situations dans la vie politique, les finances, etc. étaient entre les mains des Allemands et des Magyars; les Tchèques, par contre, ne parvenaient qu'avec une extrême difficulté à des postes importants. De même, la constitution géographique de Tchécoslovaquie, qui englobe la Slovaquie et la Russie subcarpathique, a contribué efficacement à conjurer le menaçant danger provenant d'une pléthore de travailleurs intellectuels. Le danger se

trouve donc temporairement écarté, mais la situa=
tion ne durera que tant que ces deux derniers
territoires, où l'instruction fait de très grands pro=
grès, ne se suffiront pas intellectuellement à eux=
mêmes.

Si la constitution d'un Etat tchécoslovaque in=
dépendant a, dans beaucoup de cas, ouvert aux
intellectuels de nouvelles possibilités d'existence,
il faut dire aussi que ce fut un bonheur pour le
peuple tchécoslovaque, de posséder un grand
nombre d'hommes instruits, chez lesquels, malgré
la forte opposition du régime austro=hongrois,
on avait pu développer la conscience nationale.
Ce fut la vraie cause qui permit au nouvel Etat
de faire immédiatement preuve de cette vitalité
et de cette prudence qui, dans les moments criti=
ques, le mirent à l'abri des coups d'Etat. C'est
à cela seulement que la République tchécoslova=
que est redevable d'avoir pu si rapidement pren=
dre sa place dans le concert des nations et — on
peut le dire sans exagération — d'avoir éveillé
de si belles espérances.

Les tâches nouvelles et complexes qui incom=
baient à l'Etat exigeaient naturellement un grand
nombre de fonctionnaires dans les divers domai=
nes. Le nouvel Etat, cependant, même établi sur les
bases et les ruines de l'ancien, ne pouvait, on le
conçoit, posséder immédiatement, dans toutes les

directions, un régime administratif fonctionnant impeccablement et de la façon la plus économique. Une semblable réalisation était d'autant plus difficile que les directives, la mission à remplir, les rapports internationaux et le caractère tout entier du nouvel Etat différaient complètement de ce qu'avait été la monarchie austro=hongroise. N'est= ce pas la marque de la haute culture du peuple tchécoslovaque, que d'avoir réussi dans sa tâche sans posséder l'expérience préalable nécessaire à la direction et à l'organisation d'un Etat?

Si jusqu'à présent, il ne saurait être question de chômage parmi les classes intellectuelles en Tchécoslovaquie, on ne saurait envisager l'avenir sans une certaine appréhension. Il suffit en effet de considérer le nombre démesuré d'élèves que possèdent actuellement les établissements secon= daires et supérieurs.

Nous mettons sous les yeux du lecteur quel= ques données statistiques à l'appui de ce que nous avançons : ils sont fournis par les abondantes sta= tistiques de 1920=1921 (Écoles secondaires de la République tchécoslovaque, N° 7 du recueil : La statistique tchécoslovaque). Il en ressort que la proportion est d'un étudiant sur 143 habitants, de sorte que le rapport entre les jeunes gens qui n'étudient pas et ceux qui étudient (âge de 10 à 21 ans), s'établit comme suit :

En Bohême     sur 768.064 garçons, 38.809 étudiaient
» Moravie     »  351.769   »      18.676    »
» Silésie      »   93.532   »       3.391    »
» Slovaquie   »  414.000   »      10.955    »
» Russie Sub=
carpathique   »   86.439   »       1.342    »

Par conséquent, sur 1,713.804 garçons ayant l'âge que nous avons dit, 73.173 étudiaient.

La proportion était la suivante pour les jeunes filles du même âge:

En Bohême   sur 774.564 jeunes filles, 12.235 étudiaient
» Moravie    » 352.602      »        5.567    »
» Silésie     »  93.321      »         771     »
» Slovaquie  » 412.625      »        2.741    »
» Russie Sub=
carpathique  »  91.046      »         299     »

par conséquent sur 1,727.158 jeunes filles, 21.613 étudiaient.

Ces données s'appliquent seulement aux écoles secondaires et non pas aux écoles spéciales et aux établissements d'enseignement supérieur.

Le total des élèves des écoles secondaires était donc de 0·7% de la population totale, c'est-à-dire de 94.786 sur 13,611.349 habitants.

Pendant cette même année 7206 élèves, dont 1050 jeunes filles, se sont présentés à l'examen de »maturité« (fin d'études secondaires). Sur ce nombre, 241 ont dû redoubler la dernière classe ou se présenter à nouveau à l'examen en 1922, 6965 élèves ont donc quitté l'école secondaire.

Sur ce nombre, 5.102 sont entrés dans les écoles supérieures et 1738 seulement, dans la vie pratique. 138 ne sont entrés ni dans les écoles supérieures ni dans la vie pratique. On voit donc que le plus grand nombre continuent leurs études.

Si nous considérons maintenant le nombre total des jeunes gens qui, l'année suivante (1921—1922), ont fait leurs études, nous trouvons dans les écoles secondaires de toutes catégories et de toutes nationalités 102.690 élèves et dans les écoles d'enseignement supérieur de toutes catégories et nationalités, pour le semestre d'été de la même année, 26.513 auditeurs.

Le chiffre total des élèves et étudiants est donc de 129.203 à la fin de l'année scolaire (nous ne faisons pas figurer ici les élèves des écoles de commerce et des écoles professionnelles).

Si nous suivons plus loin le nombre des élèves dans les écoles secondaires — il s'agit surtout de celles-là — ainsi que celui des étudiants dans les écoles d'enseignement supérieur, nous constatons qu'en 1923, 106.039 élèves figuraient dans les écoles secondaires de toutes les régions et de toutes les nationalités, et 24.566 étudiaient dans les écoles d'enseignement supérieur pendant le semestre d'été de la même année.



9

En 1924, 111.808 élèves étaient inscrits dans les écoles secondaires de toutes catégories et nationalités, et 24.706 dans les écoles d'enseignement supérieur pendant le semestre d'été de la même année.

Alors que, d'après les chiffres indiqués plus haut, on comptait en 1921 un élève de l'enseignement secondaire sur 143 habitants ; on en comptait un sur 116 en 1924.

On voit ainsi que le nombre des élèves des écoles secondaires a progressé d'une manière constante d'une année à l'autre ; quant à celui des étudiants de l'enseignement supérieur, il subit de moindres fluctuations, ce qui prouve qu'il y a stabilité parmi ceux qui, ayant commencé leurs classes il y a 7 à 8 ans, entrent ensuite dans les établissements d'enseignement supérieur, tandis que l'entrée dans les écoles secondaires est en progression constante.

Diverses causes expliqueraient pourquoi les aspirations du peuple vers une instruction supérieure sont si grandes. Nous pouvons dire avec certitude que le plus grand nombre a pleinement conscience qu'une nation peu nombreuse ne peut s'assurer une place importante dans le monde que par l'instruction et la supériorité de son intelligence ; beaucoup d'autres ont pour modèle les chefs du peuple qui, nés dans une humble condition, ont accompli, grâce à l'instruction, une grande œuvre dans l'histoire de leur pays. Il en est aussi qui croient que le travail intellectuel est beaucoup plus facile que le travail physique; enfin, peut-être y a-t-il aussi influence persistante des souvenirs d'une époque où le travail intellec= tuel, même de qualité moyenne, était beaucoup mieux rémunéré que le travail physique.

Si l'on considère les motifs d'ordre matériel, on a peine à concevoir la grande affluence qui se pro= duit dans les écoles secondaires et supérieures, on comprend difficilement que le nivellement réalisé dans une large mesure dans la République tché= coslovaque ne détourne pas la jeunesse d'études longues, laborieuses et relativement coûteuses.

En réfléchissant à l'emploi que trouveront les travailleurs intellectuels à l'avenir, il faut, à côté d'une affluence numériquement considérable de garçons dans les écoles secondaires et supérieures, considérer aussi le nombre toujours croissant de jeunes filles se destinant aux études: d'où nou= velle augmentation des travailleurs intellectuels. Non seulement de la complète égalité de l'homme et de la femme, mais aussi comme conséquence logique de l'admission des jeunes filles dans les établissements d'enseignement secondaire et su= périeur, il résulte que la classe intellectuelle des femmes a les mêmes droits que la classe intellec= tuelle des hommes à trouver des emplois.

Le problème du chômage des travailleurs in=
tellectuels ne consiste pas seulement à leur pro=
curer du travail — quoique de tels cas se soient
rencontrés — mais aussi à assurer que le travail cor=
responde à l'instruction reçue. Bien qu'à la vérité
il convienne, dans la vie d'un peuple et d'un Etat,
de récompenser tout travail, parce qu'il aide à leur
développement, à leur marche régulière et au bien=
être des citoyens, c'est néanmoins signe de dés=
organisation du développement normal de l'orga=
nisme d'un Etat que les capacités et les connais=
sances spéciales d'une certaine classe de la popu=
lation ne puissent pas être convenablement utili=
sées. A cet égard, il est tout aussi nécessaire pour
un État de lutter contre le chômage des travail=
leurs intellectuels que contre celui des ouvriers
manuels. Si un ouvrier qui s'est spécialisé dans sa
partie doit, pour ganger sa vie et celle de sa fa=
mille, entreprendre le même travail qu'un man=
œuvre, il y a là le même mal que si un intellectuel,
possédant des connaissances spéciales et ayant reçu
une instruction supérieure, se voyait astreint de
remplir les fonctions subalternes du copiste dans
un bureau.

La question dont il faut s'occuper est celle=ci :
comment remédier en Tchécoslovaquie au chô=
mage qui menace les travailleurs intellectuels de
toutes nationalités ?

A la vérité, il appartient surtout à l'Etat, en tant que représentant du pouvoir et organisateur de la vie des citoyens sur son territoire, de pren= dre à temps les mesures préventives propres à empêcher — autant que faire se peut — le chômage dans telle ou telle branche. Il va de soi qu'il est quelquefois difficile, même à un Etat, d'inter= venir avec succès dans la marche des affaires économiques internationales et d'assurer par là une occupation à ses travailleurs intellectuels et à ses ouvriers. Cependant, en posant le problème comme nous le faisons, l'Etat peut, par l'inter= médiaire de son administration scolaire, régula= riser l'entrée des élèves dans les écoles secon= daires et spéciales et, par ce moyen, classer les esprits et les diriger vers les branches qui leur conviennent. Mais une semblable action ne doit pas tendre à modérer le désir de s'instruire, à limiter la possibilité des études, mais bien plutôt à les encourager, à les rendre accessibles même aux plus pauvres, s'ils répondent aux con= ditions nécessaires.

L'Etat peut à cet égard jouer son rôle avec succès en organisant judicieusement l'enseigne= ment secondaire, qui fournit le plus grand con= tingent de travailleurs intellectuels. Il peut établir les programmes de telle sorte que le choix d'une carrière, et par conséquent la répartition des travailleurs intellectuels dans les diverses branches de l'activité puissent se faire le plus tard possible. Il convient de remarquer d'ailleurs que, dans la République tchécoslovaque, le droit a été reconnu à l'Etat d'intervenir dans ce sens de sa propre initiative, et qu'à cet égard beaucoup a été fait depuis que le pays a recouvré son indépendance, not mment au cours des deux dernières années. Des nombreuses délibérations et conférences tenues par des spécialistes est sorti un projet de réorganisation des écoles secondaires; on peut s'attendre prochainement à le voir présenter aux Chambres, et sa réalisation ne restera sans doute pas sans influence sur la question du chômage des travailleurs intellectuels.

A côté de l'activité directe, officielle, de l'Etat les *»Bureaux pour le choix d'une carrière«*, nou= vellement institués avec l'aide de l'Etat, spéciale= ment pour les étudiants, peuvent aider à résoudre la question du chômage des travailleurs intellec= tuels. S'ils sont bien organisés, encouragés par l'Etat et par des personnalités intéressées, et s'ils sont bien dirigés, leur action peut être utile pour la répartition des travailleurs intellectuels.

Mais c'est surtout la société elle=même qui ré= soudra le plus efficacement le problème du chô= mage en donnant à sa propre vie un but clair, raisonnable et accessible.

*134*

Le désir d'atteindre à la plus haute instruction
est assurément digne de la plus entière approba=
tion, de même que méritent les plus grands éloges
les mesures tendant à ce que les études de la plu=
part des étudiants donnent les plus hauts résultats
scientifiques.

Mais, tout en approuvant pleinement ces efforts,
il est impossible de ne pas songer à l'impression
de tristesse que produit sur une jeune intelligence
la désillusion de ne pas pouvoir atteindre le but
qu'elle s'était fixé dans son ardeur juvénile et de
ne pouvoir satisfaire ses désirs. Il serait assuré=
ment profitable pour le développement de la na=
tion, pour l'activité et le succès de ses citoyens
et pour le tranquille développement de tous ses
éléments, que le but de la vie fût tracé dans les
limites où il peut être atteint et que la vie des
citoyens ne fût pas attristée par de décevantes
espérances déçues et un idéal irréalisable. Si je
recommande la modération dans la manière de
regarder la vie, je n'entends nullement diminuer
l'effort fait en vue de buts élevés, mais cet effort,
servît=il de guide dans la vie de l'individu, ne doit
pas être la condition même de son existence. Tra=
vailler est le partage de l'homme, mais le travail
lui=même doit réjouir, pour que l'homme y trouve
son contentement. Il en est de même pour la classe
intellectuelle. Peu importe que la plus grande

partie de la nation se compose de docteurs et d'in=
génieurs, ce qui est nécessaire, c'est que chacun,
à la place où le sort l'a placé, soit un homme dans
toute l'acception du mot, entièrement voué à sa
tâche et l'aimant malgré les duretés de l'existence.

Dans la fixation de cette modération de la vie,
combinée avec un effort vers le progrès, les ci=
toyens trouveront la solution la plus efficace du
problème du chômage des travailleurs intellec=
tuels.

# L'ÉMIGRATION DE TCHÉCO=SLOVAQUIE.

Par *A. Boháč.*

L'émigration était déjà dans l'ancien empire des Habsbourg un des plus graves problèmes que les gouvernements autrichien et hongrois aient tenté de résoudre. La population très dense présentait dès les années 30 du 19ᵉ siècle un mouvement d'émigration supérieur à l'immigra= tion. Les plus anciennes colonies tchèques dans la Hongrie du sud se sont établies à une époque encore antérieure. Les pertes par émigration s'ac= crurent d'année en année, et atteignirent leur ma= ximum en Bohême dans les années 80 du siècle dernier, quand l'agriculture tomba dans une grave crise par suite de la concurrence causée par le bon marché du blé américain. Le rapide développement de l'industrie à la fin du siècle dernier contribua sans doute à affaiblir l'émigra= tion, mais il ne pouvait suffire à absorber toute la main=d'oeuvre que les campagnes avaient en excédent. Au cours des 3 dernières décades d'avant=guerre (1880—1910), la Bohême, la Mo= ravie et la Silésie ont perdu par l'émigration

un total de 755.496 habitants, soit approxima=
tivement environ 25.000 par an.

Dès le début, les émigrants se dirigèrent prin=
cipalement vers les Etats=Unis d'Amérique et la
ville de Vienne, laquelle, en vertu de la poli=
tique centralisatrice des gouvernements autri=
chiens et de leurs généreuses subventions, ne
tarda pas à devenir un centre commercial et in=
dustriel en plein développement, et dont la do=
mination économique pesait aussi sur les pays
tchèques. Passagèrement et pour une courte
durée, dans les années 60 et 70, la Russie, no=
tamment la Volhynie, et la Croatie furent le but
des émigrants.

L'influence attractive des Etats=Unis sur le
pays dans les deux dernières décades du 19e siè=
cle a considérablement baissé. De 1903 à 1914,
n'y ont émigré en moyenne que 10.244 Tchèques
par an. La plupart de ceux qui quittaient la Bo=
hême et la Moravie avant la guerre mondiale se
dirigeaient sur Vienne et les contrées avoisi=
nantes de la Basse=Autriche. En 1910 étaient
présents à Vienne 499.272 et dans le reste de la
Basse=Autriche 122.032 hab. nés en Bohême,
Moravie ou Silésie; et c'est dans ces pays qu'é=
taient légalement domiciliés 434.160 habitants de
Vienne et 150.590 hab. du reste de la Basse=
Autriche. Un assez grand nombre d'habitants

des pays tchèques y trouvaient des emplois, d'autres se plaçaient en Allemagne.

La Slovaquie, à la population beaucoup plus clairsemée que les pays tchèques, ne fut touchée par l'émigration que plus tard. Mais celle=ci y atteignit de bonne heure une intensité plus grande à beaucoup près qu'en Bohême ou en Moravie, à cause de l'extrême pauvreté de certaines régions montagneuses du nord et de l'est de la Slovaquie et aussi du peu d'extension d'industrie.

De 1901 à 1910, la Slovaquie a déjà perdu par l'émigration 7·06% de sa population totale. L'émigration slovaque, à la différence des pays tchèques, s'est tournée presque exclusivement vers les Etats=Unis, de 1899 à 1914, 477.375 Slo=vaques y ont émigré, soit une moyenne de 29.836 par an.

Avec la guerre mondiale, les conditions furent complètement transformées. L'émigration fut réduite à sa plus simple expression, et quand les Etats=Unis entrèrent en guerre, elle cessa tout à fait.

Immédiatement après la guerre mondiale, il n'y avait pas non plus dans l'Etat nouvellement fondé de question d'émigration. Tout au con=traire, une des préoccupations les plus urgentes qui s'imposèrent au gouvernement, fut le rapa=triement et les retours d'émigration. Non seule=ment il fallait rapatrier au plus vite les dizaines

de milles légionnaires tchécoslovaques et pri=
sonniers de guerre, mais par surcroît il commen=
sait à rentrer dans la patrie libérée quantité
d'anciens émigrés, déterminés au retour — sans
parler des conditions de gêne où se trouvaient
les Etats vaincus — par l'espérance d'assister
à un épanouissement économique nouveau des
pays tchécoslovaques. Particulièrement accentué
fut le mouvement des rapatriés tchèques venant
d'Autriche; le nombre de ceux qui dans les deux
premières années d'après=guerre sont revenus
d'Autriche en Tchécoslovaquie peut être évalué
à 100.000 habitants.

La libération de la nation tchécoslovaque exerça
aussi une forte impression sur les émigrés tchè=
ques et slovaques établis aux Etats=Unis, si bien
qu'un grand nombre résolurent de rentrer, les
émigrés slovaques tout de suite, les Tchèques un
peu plus tard. Et ont pris part à ce mouvement
de retour même des Tchécoslovaques qui avaient
acquis la qualité de citoyens américains, ou étaient
nés aux Etats=Unis. D'après les statistiques
américaines, il et rentré en Tchécoslovaquie, en
1919—20 et 1920—21, 823 Tchèques et 29.193
Slovaques, en 1921—22, 4246 Tchèques, 3451
Slovaques, et en outre 4162 citoyens américains.

Mais le temps pendant lequel il n'y eut pres=
que plus d'émigration de Tchécoslovaquie ne fut

pas de longue durée. La ruine de l'Autriche=
Hongrie eut des répercussions économiques
à longue portée. La Bohême, la Moravie et la
Silésie étaient les régions les plus industrielles
de l'ancienne monarchie. Près de 80°/$_0$ de toute
l'industrie de l'empire austro=hongrois se trou=
vaient sur le territoire actuel de la Tchécoslova=
quie. L'industrie tchécoslovaque, qui avait aupa=
ravant un libre écoulement de ses produits dans
toute l'Autriche=Hongrie, ne disposait plus à pré=
sent que d'un peu plus du quart de la population
de l'ancien territoire douanier, et les Etats suc=
cesseurs se protégeaient contre elle par des droits
élevés, s'efforçant d'édifier leur propre industrie
nationale. Le grand appauvrissement de la popu=
lation causé par une guerre de plusieurs années
avait diminué fortement sa puissance de con=
sommation, la séparation des signes monétaires
dans les Etats voisins a empêché un échange nor=
mal des richesses, et la politique d'inflation de
ces Etats a fait de leur industrie une concurrente
extrémement redoutable. L'industrie tchéco=
slovaque, empêchée en grande partie actuelle=
ment d'exporter ses produits, tomba bien vite de
ce fait dans une grave crise, qui s'est traduite par
un fort chômage. Il n'était pas possible que dans
un Etat d'où avant la guerre 60.000 hab. émi=
graient chaque année, l'émigration ne redevînt

pas dans ces conditions une question sociale pressante.

Au commencement de l'année 1920 commen=
cèrent à se montrer dans les rues de Prague des
émigrants de Slovaquie et de Russie subcarpathi=
que; ils venaient chercher aux bureaux des re=
présentants étrangers leur visa pour le voyage
d'outre=mer. Leur nombre augmenta très vite, en
sorte que dès juin 1920, ne trouvant plus où se
loger, ils campaient dans les gares de Prague et
leurs environs. Il fallait se préoccuper de les loger
au moins pendant le temps de leur séjour à Prague.
Dans ce but, on construisit une station d'émigrants
à Libeň, où les émigrants des régions orientales
de Tchécoslovaquie et ceux de Roumanie trouvè=
rent un asile.

Les conditions sanitaires existant en Slovaquie
et en Russie subcarpathique exigeaient une visite
sanitaire de tous les émigrants, pour que des ma=
ladies épidémiques ne soient pas amenées à
Prague, dans le reste de la Bohême, et en Moravie,
et pour que soient renvoyés à temps les émigrants
dont l'état physique ou de santé ne répondait pas
aux prescriptions des Etats=Unis. Il fut donc in=
stitué par le Ministère des Affaires sociales une
station d'Etat, pour le contrôle sanitaire des émi=
grants, à Svatobořice près de Kyjov, en Moravie,
par laquelle durent passer tous les émigrants de

Slovaquie et de Russie subcarpathique. Là, ils étaient soumis à un examen médical conforme aux prescriptions des Etats=Unis, et quand ils étaient reconnus aptes à l'émigration au point de vue physique et sanitaire, ils recevaient l'autorisation de poursuivre leur voyage sur Prague.

En même temps qu'apparurent les premiers émi= grants, commença aussi l'activité des compagnies de bateaux à vapeur qui pratiquaient le transport de ces émigrants. Ces compagnies cherchaient en Tchécoslovaquie aussi des passagers pour leurs bateaux et entreprirent une intense propagande pour en recruter. Les promesses alléchantes des agents d'émigration agissaient notamment sur la population moins avertie, de la Slovaquie orien= tale, qui avant la guerre mondiale déjà souffrait d'une forte fièvre d'émigration.

Quel grave phénomène devint l'émigration en Tchécoslovaquie, dans l'année 1920, c'est la sta= tistique de l'immigration des Etat=Unis qui le montre le mieux. D'après les rapports annuels du commissariat général à l'immigration, il n'a émi= gré, du 1er juillet 1919 au 30 juin 1920, que 3426 habitants de la République tchécoslovaque aux Etats=Unis, mais déjà 40.884 du 1er juillet 1920 au 30 juin 1921.

En vertu de ce qu'on appelle la loi du $3^0/_0$, loi du 19 mai 1921, le nombre des émigrants aux

Etats-Unis a été sans doute fortement limi é, car
pour l'année fiscale 1921—22 le contingent de la
Tchécoslovaquie a été fixé à 14.282 personnes ;
mais le courant d'émigration se tourna dès ce
moment vers le Canada et surtout vers l'Argentine. Là, les conditions pour les émigrants venant
d'Europe étaient bien plus difficiles et pénibles
qu'aux Etats-Unis. Aussi le besoin se fit-il sentir
d'une façon plus pressante de redresser les im-
perfections de la politique autrichienne d'émigration, et de résoudre la question des émigrants par
voie légale.

Il y eut donc, au Ministère des Affaires sociales,
dès l'année 1921, des études très attentives, dont
le résultat fut la loi sur l'émigration, du 15 février
1922, N° 71 du Recueil des Lois et Règlements,
rendue exécutoire par décret gouvernemental du
8 juins 1922, N° 170 du Recueil des Lois et Règlements.

Regardant les conditions indiquées ci-dessus
comme un phénomène inéluctable, qui découle
de la concomitance d'un état économique et social
particulier, la loi tchécoslovaque sur l'émigration
ne s'attarde pas au point de vue d'une protection
illusoire de l'Etat contre cette émigration. Ce sont
d'autres moyens, ceux-là préventifs, que la politique de l'Etat doit employer pour y résister, tels
que la réforme foncière, une large politique éco-

nomique, notamment industrielle, etc. mais son but essentiel, c'est la protection des émigrants.

Aux termes de cette loi, est tenu pour émigrant quiconque sort du territoire tchécoslovaque pour aller à l'étranger, pour y chercher des moyens d'existence, sans intention de retour, ainsi que tout membre de sa famille qui l'accompagne ou le suit. Pour empêcher que la loi ne soit tournée en ce qui concerne les émigrants outre=mer, celle=ci dispose que se tient pour émigrant quiconque est voyageur d'entrepont ou d'une classe de bateau assimilée aux places d'entrepont, à moins qu'il ne soit démontré par des circonstances d'une évi= dente clarté qu'il ne va pas à l'étranger pour y chercher des moyens d'existence.

Dans les limites du droit en vigueur, l'émigra= tion est libre ; toutefois elle est interdite à certaines personnes. Ce sont celles qui sont soumises aux obligations militaires, celles qui ont des démêlés avec les lois pénales, celles qui sont inaptes au travail, s'il n'est pas produit de ressources suffi= santes pour leur entretien à l'étranger, les person= nes qui après paiement du voyage arriveraient sans ressources au but, les familles qui veulent abandonner chez elles leurs enfants âgés de moins de 16 ans sans assurer la continuation de leur en= tretien, et enfin ceux auxquels les lois du pays où ils veulent émigrer en interdisent l'accès. En outre,

des articles spéciaux limitent l'émigration des per=
sonnes mineures, notamment des femmes.

Tout émigrant ressortissant à l'Etat tchécoslo=
vaque doit être pourvu d'un passeport d'émigrant,
lequel est un document qui sert autant à l'émi=
grant qu'à un contrôle de l'observation de la loi.
L'émigration ne doit pas être une affaire de police,
mois plutôt fonction du domaine de la politique
sociale.

C'est le ministère des Affaires sociales qui doit
s'occuper de faire une enquête exacte sur les ci=
toyens en vue de l'émigration. En òutre, c'est lui
qui est chargé d'organiser les appuis à donner aux
sociétés humanitaires bénévoles qui assurent le
souci de l'humanité à l'égard des émigrants.

La loi interdit le recrutement de colons pour
les Etats étrangers ; sous certaines réserves seule=
ment peut être accordée par le gouvernement
l'autorisation d'enrôler pour coloniser un petit
nombre de colons.

La loi prend grand soin de la protection des
ouvriers, car les dernières expériences de recrute=
ment pour l'étranger ont été fort peu encouragean=
tes. Cette loi défend d'enrôler des ouvriers pour
les pays situés hors d'Europe ; le ministère des
Affaires sociales ne peut admettre qu'un petit
nombre d'exceptions. Il n'est permis de recruter
des ouvriers pour un Etat étranger européen

qu'avec l'autorisation de l'Office du travail, insti=
tution d'Etat, qui détermine en même temps dans
quelle contrée, quel domaine et quel nombre d'ou=
vriers peuvent être recrutés par les intermédiaires
du travail. Comme il est arrivé déjà que des ou=
vriers avec lesquels n'avaient pas été passés d'a=
vance de contrats de travail, se sont vus livrés à la
merci d'agents sans conscience et d'employeurs
étrangers, on a stipulé dans la loi qu'un ouvrier
pris à gages doit avant son départ pour l'étranger
obtenir un contrat écrit de travail, rédigé dans sa
langue et dans celle de l'employeur ; la loi déter=
mine également ce que le contrat de travail doit
contenir, et quelles clauses de ce contrat sont in=
opérantes.

Une attention particulière a été donnée dans la
loi tchécoslovaque sur l'émigration ou transport
outre=mer des émigrants, car aux époques précé=
dentes une notable partie de ceux=ci donnaient
prétexte, pendant le voyage, à toute sorte de bé=
néfices pour les Compagnies de navigation ; il ne
s'agissait pour celles=ci que d'entasser le plus pos=
sible de passagers dans l'entrepont. Se livrer au
transport des émigrants n'est permis qu'à qui=
conque en a obtenu l'autorisation du ministre
des Affaires sociales. Les Compagnies étrangères
ne peuvent l'obtenir que si elles sont admises,
d'après les règlements en vigueur, à faire du

commerce ici, et si elles désignent pour les re=
présenter quelqu'un de leur pays qui doit être
citoyen tchécoslovaque, en qualité de manda=
taire. Ces entrepreneurs de transport doivent ins=
taller à Prague un bureau d'émigration, et hors
Prague aux sièges des magistratures politiques
de II<sup>e</sup> instance, mais seulement avec autorisation
du ministre des Affaires sociales. Le but de toute
cette série de prescriptions détaillées sur l'exercice
de la profession d'entrepreneur de transports pour
émigrants est de limiter ces commerçants à un
cercle de personnes sûres et responsables et à une
mesure admissible dans l'exercice d'un commerce
honnête ; c'est aussi de protéger le plus possible
les émigrants au cours de la traversée. Toute pro=
pagande en faveur de l'émigration est interdite aux
entreprises de transport. En même temps, la loi a
supprimé le droit accordé jusqu'alors aux agences
de voyage de délivrer des billets pour l'entrepont
ou une classe de bateau d'un même prix que l'en=
trepont.

Enfin, de nombreuses dispositions pénales con=
tenues dans la loi renforcent la protection qu'elle
offre aux personnes qui veulent émigrer, contre
les exploitations et les tromperies de toute espèce ;
elles visent notamment à la sauvegarde de la jeu=
nesse et à empêcher le trafic des femmes.

Comme il ressort clairement du contenu de la

loi sur l'émigration, elle ne règle pas l'émigration tchécoslovaque, mais elle offre seulement des ga=ranties de toute sorte à ceux qui veulent émigrer. Régler le courant de l'émigration était au=dessus du pouvoir de la législation, puisque le but du voyage est déterminé avant tout par les conditions économiques et sociales des Etats étrangers, et no=tamment par les occasions de travail et les possibi=lités de gain qu'on y peut trouver.

Quand, en 1920, l'émigration commença à prende, en Tchécoslovaquie, de grandes propor=tions, presque tout le courant des émigrants était dirigé sur les Etats=Unis. La limitation de l'immi=gration par ces derniers fit qu'une notable partie des émigrants outre=mer se tourna en 1923 vers l'Argentine et le Canada. D'après les statistiques des compagnies de navigation qui avaient reçu, en exécution de la loi tchécoslovaque, du ministre des Affaires sociales, l'autorisation de se livrer au transport des émigrants tchécoslovaques, il est sorti de Tchécoslovaquie à destination d'Etats d'outre=mer

|                    | 1922   | 1923   |           |
|--------------------|--------|--------|-----------|
| Pour les Etats=Unis | 13.561 | 11.037 | personnes |
| »    l'Argentine   | 457    | 4.932  | »         |
| »    le Canada     | 110    | 2.029  | »         |
| »    le Brésil     | 205    | 248    | »         |

|                            | 1922   | 1923   |           |
|----------------------------|--------|--------|-----------|
| Pour les autres Etats américains |   3    |   90   | personnes |
| Pour les autres parties du monde |   7    |    7   |    »      |
| Pour outre=mer, total      | 14.343 | 18.343 | personnes |

La nouvelle loi américaine sur l'immigration, qui limite le contingent d'émigrants, pour la Tché=coslovaquie, à 1937 personnes, aura à l'avenir, sur l'émigration tchécoslovaque outre=mer, une in=fluence encore beaucoup plus profonde que la loi de 1921.

L'émigration continentale vers les Etats d'Eu=rope a pris des formes tout autres qu'avant la guerre mondiale. D'abord l'influance attractive naguère exercée par Vienne a cessé. Dans les pre=mières années d'après=guerre, il n'a émigré en Autriche qu'environ $\frac{1}{5}$ du chiffre annuel des émi=grants de l'époque d'avant=guerre, et jusqu'à pré=sent il est rentré plus de monde en Tchécoslo=vaquie qu'il n'en a émigré en Autriche. L'année dernière, à cause de la crise économique pro=voquée par l'assainissement de l'économie générale de l'Etat autrichien et la stabilisation de la couron=ne, l'émigration vers l'Autriche est tombée au mi=nimum. A l'époque de prospérité industrielle tem=poraire que l'inflation amena en Allemagne, un

grand nombre d'ouvriers tchécoslovaques trovè=
rent là aussi à s'employer. La crise économique,
qui se produisit après la chute du mark, fit cesser
complètement l'émigration pour l'Allemagne.
Dans ces derniers temps, la France a exercé une
attraction considérable sur les émigrants tchéco=
slovaques. Il s'y manifeste un grand besoin de
main=d'œuvre. L'année dernière il est parti un
assez grand nombre d'ouvriers, surtout de mineurs,
de Slovaquie en Hongrie. Les ouvriers qualifiés de
l'industrie ont trouvé aussi à s'employer en Rou=
manie et dans le royaume des Serbes, Croates et
Slovènes. Il a été délivré en tout — les ouvriers
saisonniers mis à part — des passeports d'émi=
grants à destination des Etats d'Europe, en 1922
pour 15.547 personnes, et en 1923 pour 14.338.
Parmi elles sont parties

|  | 1922 | 1923 |  |
|---|---|---|---|
| En France | 2.545 | 4.997 | personnes |
| » Autriche | 3.766 | 1.851 | » |
| » Allemagne | 4.624 | 736 | » |
| » Hongrie | 813 | 3.386 | » |
| dans le royaume S.H.S. | 1.476 | 959 | » |
| en Roumanie | 965 | 1.026 | » |
| dans les autres Etats d'Europe | 1.358 | 1.363 | » |

Le chiffre global des émigrants outre=mer et con=
tinentaux réunis a atteint en 1922, 29.890, en 1923,

32.681, et a été par conséquent d'environ 40%/0 in=
férieur à celui des dernières années d'avant=guerre.

Près de la moitié de l'ensemble des émigrants
sont des ouvriers d'industrie. En 1923, sur 32.341
habitants pour lesquels un passeport d'émigrant
a été établi, il s'en est trouvé 14.408 à exercer
une profession industrielle et mécanique ; en outre,
il y a eu 5.424 ouvriers et journaliers sans qualifi=
cation particulière. Parmi les emplois industriels,
ce sont les mineurs et les métallurgistes que l'émi=
gration a le plus touchés au cours des deux an=
nées dernières. En 1923, on a délivré des passe=
ports d'émigrants pour 4.127 mineurs et métal=
lurgistes et pour 476 membres de leurs familles.
La majeure partie des mineurs sont allés en
France et en Hongrie.

A l'étranger est parti aussi un nombre consi=
dérable d'ouvriers occupés à l'industrie des
métaux, des machines et de la verrerie. Pour un
temps, les industries du bâtiment et du vêtement
ont été fortement touchés par l'émigration, ainsi
que les industries des peaux et du bois. En re=
vanche, les industries textile, chimique, du papier,
celle des pierres et des terrains, et l'industrie des
aliments et comestibles sont restées presque à
l'abri de toute émigration.

Il y a eu en 1922 7.034 et en 1923 6176 émi=
grants appartenant à l'agriculture. Parmi eux, il

y a eu dans les deux années 2.626 agriculteurs
indépendants. Les agriculteurs émigrants venaient
en majeure partie de Slovaquie, une partie moindre
de Moravie. En Bohême et en Silésie, il n'y a
presque pas eu du tout d'agriculteurs émi=
grants. La plupart se rendaient outre=mer: aux
Etats=Unis, en Argentine et au Canada. Les ou=
vriers agricoles ne sont allés dans les Etats d'Eu=
rope que pour les travaux saisonniers. De tous
ces émigrants saisonniers, il est parti à l'étranger
voisin pour les travaux agricoles 16.621 en 1922
et 10.641 en 1923.

Chez la plupart des émigrants, le motif déter=
minant de l'émigration était le chômage. En 1923,
sur 26.302 personnes exerçant une profession ac=
tive, qui ont reçu des passeports d'émigrants,
n'étaient occupées un moment de la délivrance du
passeport que 5.370 personnes; il y avait parmi
elles 14.370 sans=travail, et 6.625 n'ont pas dé=
claré leur emploi.

Le développement ultérieur de l'émigration
tchécoslovaque dépend en premier lieu de la
question de savoir si l'industrie tchécoslovaque
sera convenablement occupée, c'est=à=dire si elle
réussira à conquérir les marchés extérieurs pour
ses produits. Pour un Etat à population dense
comme la Tchécoslovaquie, dont l'agriculture ne
peut procurer suffisamment à toute la popula=

tion des produits alimentaires tirés de son propre sol, c'est un axiome qu'il faut exporter ou des produits manufacturés, ou les gens. Que l'émigration demeure limitée à une proportion aussi petite que possible, et qu'on arrive à faire le plus possible d'exportations, c'est la tâche la plus importante de la politique économique tchécoslovaque.

# LES ASSURANCES SOCIALES.

Par *Lev Winter*.

Les lois tchécoslovaques règlent de la façon suivante les assurances sociales des personnes fournissant un travail salarié :

## I.

### Assurance en cas de maladie.

Y sont assujetties toutes les personnes fournis= sant un travail salarié sur la base d'un contrat et ne s'y livrant pas seulement comme à une occupa= tion subsidiaire. Le montant du salaire, de même que le mode de paiement — salaire en nature ou en espèces — est indifférent.

L'importance de la prime d'assurance dépend uniquement de l'âge de l'ouvrier. Cette assurance s'étend à toutes les maladies, quelle que soit leur origine. Elle s'applique notamment aux maladies dont l'origine est entièrement indépendante du travail auquel se livre l'assuré. Seules les maladies provoquées intentionnellement par l'assuré — cas tout exceptionnel — sont exclues de l'assurance.

L'assurance consiste en soins médicaux — le cas échéant, dans les hôpitaux — et en une in=

demnité en espèces. Au début, on ne voua pas
une très grande attention aux soins médicaux;
en ces derniers temps cependant, la conviction
s'est répandue que l'objet essentiel de l'assurance
en cas de maladie est de permettre de guérir le
plus rapidement possible l'assuré malade. De plus
en plus, les caisses d'assurances en cas de maladie
font appel à des spécialistes, fondent des cliniques
et des sanatoriums, et font bénéficier leurs membres des cures balnéaires les plus diverses. Actuellement, on commence à se préoccuper de la question des soins préventifs, notamment des soins
à donner aux enfants. Car les membres de la famille de l'assuré, vivant avec lui en commun, ont
également droit à des soins médicaux. On estime
généralement que, sur ce terrain, les caisses d'assurances en cas de maladie pourront se développer avec plus de succès encore que jusqu'ici, lorsqu'elles seront en liaison avec les caisses d'assurances en cas d'invalidité, qui auront un intérêt
direct à voir se développer les soins médicaux.

Les soins médicaux impliquent que l'assuré
tombé malade ainsi que les membres de sa famille
recevront gratuitement tous les médicaments nécessaires. Les pharmaciens sont tenus de les leur
fournir, pour le compte des caisses d'assurances,
meilleur marché qu'à leurs autres clients. Une
autre condition essentielle — encore qu'indirecte

— de l'assurance est que le malade, privé de son salaire, reçoive pendant le temps de sa maladie une indemnité en espèces suffisante pour couvrir au moins ses besoins les plus élémentaires. A cet effet la loi lui garantit pendant la durée d'une année les deux tiers du salaire moyen de celle des quinze catégories de salaires où l'assuré est classé.

Les femmes en couche ont droit à ces secours pendant les six semaines qui précèdent et les six semaines qui suivent l'accouchement, dans le cas où l'assurée ne se livre à aucun travail salarié au cours de cette période. En outre, dans le but d'encourager la natalité, la loi garantit aux mères assurées qui allaitent elles-mêmes leurs enfants, une prime d'allaitement égale à la moitié de l'indemnité de maladie et versée pendant une période de douze semaines, laquelle peut être prolongée jusqu'à vingt-six semaines.

La loi sur l'assurance en cas de maladie est appliquée par les soins d'organismes spéciaux, *les caisses d'assurance en cas de maladie*. On compte un certain nombre de types différents de ces établissements, conformément au développement qu'ils ont eu depuis que l'idée en a été réalisée et à la force d'inertie qui leur a permis de se maintenir en dépit des efforts faits pour amener une concentration de ces organismes, afin de les rendre plus efficaces. Les plus anciens établissements d'assurances sont ceux des mineurs, puis ceux des ouvriers des arts et métiers, qui ont remplacé les anciennes corporations. La plus grande partie des ouvriers et employés sont toutefois assurés auprès de caisses d'assurances provinciales, qui à l'avenir doivent avoir des agences dans chaque district.

D'autre part, il sera créé des caisses d'assurances spéciales pour les ouvriers employés dans l'agriculture et la sylviculture. Le nombre total des caisses d'assurances en cas de maladie s'élève en Tchécoslovaquie à 462 ; ce chiffre sera quelque peu diminué par la réforme projetée. Chaque caisse d'assurance est administrée par un comité de 10 membres, dont 8 sont choisis par les assurés et 2 par les employeurs. Ce comité est placé sous le contrôle d'une commission de surveillance où les deux groupes sont représentés dans un rapport inverse.

En vertu de la réforme prévue, les caisses d'assurances en cas de maladie seront soumises à l'avenir au contrôle de la caisse centrale d'assurances sociales. Ses ressources qui sont nécessaires pour couvrir les indemnités et les frais d'administration sont fournies par les primes d'assurance, versées par moitié par l'employeur et l'assuré. C'est l'employeur qui les remet à la caisse d'assurances, étant autorisé à prélever sur le salaire de

l'assuré la somme que celui-ci est tenu de payer
à l'assurance. La prime s'élève généralement à 6%
du salaire de l'assuré ; dans certains cas assez rares, elle atteint jusqu'à 8%.

En 1922 il a été assuré pour cas de maladie
2.443.457 personnes. Ces assurés et leurs employeurs ont payé 906.907.714 couronnes de primes,
et ont reçu 789.264.787 couronnes en indemnités
d'assurance. En ce qui concerne les soins médicaux (médecins, médicaments, hôpitaux et maisons de convalescence) chacun des membres s'est
vu attribuer en moyenne 108 couronnes. Les dépenses administratives ont été en moyenne de
42 cour. 50 par membre. Pour 100 assurés, on
a compté 64·89 cas de maladie et 0·77 cas de
mort ; sur 100 assurées, il y a eu 5·7 cas d'accouchement.

## II.

### *Assurances en cas d'accident.*

A la différence de l'assurance en cas de maladie,
l'assurance en cas d'accident ne s'étend pas à toutes
les catégories d'ouvriers, mais seulement à ceux
qui sont employés dans des entreprises particulièrement dangereuses. La loi considère comme
telles les entreprises où sont réunis un grand
nombre d'ouvriers (usines) ou dans lesquelles il est

fait usage de machines mues par des forces natu=
relles ou animales (mines, carrières, constructions).
Aussi le nombre des personnes assujetties à l'assu=
rance en cas d'accident est=il plus faible que celui
des personnes auxquelles s'applique l'assurance
en cas de maladie. On tend actuellement à l'éten=
dre à de nouvelles catégories d'ouvriers, princi=
palement aux ouvriers agricoles, et il est probable
que cette réforme sera prochainement réalisée, du
moins en partie.

Une autre différence entre l'assurance en cas
de maladie et l'assurance en cas d'accident réside
en ce que cette dernière a uniquement pour objet
les accidents dits de travail, c'est=à=dire ceux qui
— ainsi que la pratique l'exige — sont en relation
de cause à effet, de temps et de lieu avec l'entre=
prise dans laquelle ils se produisent. Seuls les
accidents qui ont lieu sur le chemin qu'accomplit
l'ouvrier pour se rendre au travail ou pour en re=
venir ont été admis récemment comme exception
à cette règle. La probabilité des accidents de travail
dépend du caractère plus ou moins dangereux de
l'exploitation. Ce caractère de gravité du danger
peut être la conséquence de la nature de la pro=
duction elle=même, ou bien de l'état de négligence
technique où se trouve l'entreprise.

Dans l'assurance en cas de maladie, qui couvre
les dommages causés par toute espèce de maladie,

il n'est pas possible d'affirmer toujours que celle=
ci a été provoquée par le travail proprement dit ;
pour les accidents, on peut le constater presque
infailliblement. Il en résulte qu'il serait injuste que
les frais qu'entraîne l'assurance en cas d'accident
soient couverts dans la même mesure par les entre=
prises dangereuses et celles que ne le sont pas.
C'est pourquoi les exploitations sont classées,
suivant le degré de danger qu'elles présentent, en
un certain nombre de catégories ; celles=ci sont
elles=mêmes réparties suivant le pourcentage du
danger et enfin chacune des entreprises est rangée
suivant les risques que présente son installation
technique particulière. Comme l'indemnité d'assu=
rance est différente pour chaque pourcentage de
danger, l'établissement peut réaliser d'importantes
économies sur ce chapitre s'il adopte l'installation
offrant le plus de garanties possibles, ce qui per=
met de le ranger dans une classe inférieure.

Les statistiques d'accidents et l'examen des
causes des divers accidents ont amené à formuler
un certain nombre de directives prévoyant des
mesures de sécurité, ou tout au moins à la déter=
mination des moyens propres à limiter le nom=
bre des accidents. Ces recherches, interrompues
ou entravées pendant la guerre, ont été activement
reprises ces derniers temps.

L'assurance doit indemniser l'assuré ou sa fa=

mille d'une partie au moins de la perte causée par l'accident. Le blessé qui est totalement inapte au travail a droit à une pension égale aux deux tiers du montant du gain réel qu'il a réalisé dans l'établissement où il était employé dans l'année civile qui précède le jour de l'accident. Cette somme ne saurait cependant dépasser 12.000 couronnes. Dans le cas où elle excéderait ce montant, on ne tient pas compte de l'excédent. Si la perte de sa capacité de travail n'est pas totale, cette pension est abaissée ; ainsi l'assuré qui a perdu dans un accident $20^0/_0$ de sa capacité de travail reçoit une pension égale à $13^1/_8{}^0/_0$ de son gain annuel.

Si l'assuré est décédé lors d'un accident de travail, ou s'il est mort des suites d'un pareil accident, sa veuve a droit à $20^0/_0$ de son gain jusqu'au jour où elle se remarierait, l'orphelin à $15^0/_0$ jusqu'à l'accomplissement de sa 15ᵐᵉ année et l'orphelin de père et de mère à $20^0/_0$. Les pensions de la veuve et des orphelins ne sauraient dépasser ensemble les deux tiers du gain de l'assuré. Si cette pension ne dépasse pas ladite somme, les ascendants de l'assuré ont droit à une pension de $20^0/_0$, ainsi que ses petits-enfants et ses collatéraux âgés de moins de 15 ans, si l'assuré coopérait d'une manière active à leur subsistance.

Les employés des chemins de fer blessés ou décédés au cours d'un accident de transport ont

droit à une pension de 50%/₀ plus élevée. Si l'acci‑
dent a été causé par une personne, celle‑ci est
tenue de dédommager en totalité l'assuré. Quant
à l'employeur, il n'est tenu de le faire que dans
le cas où il aurait intentionnellement provoqué
l'accident; dans les autres cas, il n'est pas tenu
pour responsable des conséquences de l'accident.
La loi fait porter la responsabilité matérielle des
dommages causés par l'accident à l'établissement
d'assurance, dont la totalité des frais sont couverts
par les employeurs.

L'assurance en cas d'accident est pratiquée par
des établissements spéciaux, les *caisses d'assuran‑
ces ouvrières en cas d'accident* qui ont leur siège
à Prague, à Brno et à Bratislava. Ces établisse‑
ments sont administrés par un comité composé
pour un tiers de délégués des employés, pour un
tiers de délégués des employeurs et pour un tiers
de membres désignés par le gouvernement. Le
montant de la prime d'assurance est déterminé de
telle sorte qu'il couvre les frais d'administration
aussi bien que le capital nécessaire pour alimenter
la caisse des pensions. Il s'élève actuellement à un
peu moins de 7%/₀ pour les entreprises comportant
un danger évalué à 100%/₀.

Suivant la statistique officielle, la caisse d'assu‑
rances en cas de maladie de Prague et de Brno
comptait en 1922 573.093 établissements‑membres

avec 973.296 ouvriers et employés travaillant
toute l'année et recevant un salaire total de
9.267,907.057 couronnes. Les primes d'assurances
versées se sont élevées à un total de 181,477.992·34.
On a compté au cours de cette année 18.853 (1·94%)
accidents, dont 426 (0·04%) mortels. Le nombre
des pensionnés a été de 66.644 blessés, 5.492
veuves, 3.787 orphelins, 578 ascendants. Il a été
payé en pensions 45,187.829 couronnes; le capital
nécessaire pour la couverture de ces pensions
a été 435,210.396 couronnes.

## III.

### *Assurance en cas d'invalidité et de vieillesse.*

*A.* Les ouvriers mineurs ont droit à une pen‹
sion d'invalidité lorsqu'ils sont devenus inaptes
au travail auquel ils étaient jusque‹là employés,
même s'ils sont en mesure de se livrer à une autre
occupation. Cette pension doit être servie à tout
ouvrier âgé de plus de 55 ans s'il est assuré depuis
au moins 30 ans ou à tout ouvrier âgé de plus
de 60 ans s'il est assuré depuis 15 ans. Cette pen‹
sion se compose d'une somme de base de 900
couronnes à laquelle sont ajoutées des tranches
additionnelles s'élevant au moins à 8 couronnes
pour chaque mois de prime écoulé après la période

d'attente, qui dure généralement 5 ans. La pension
de veuve s'élève à un tiers de la pension d'inva=
lidité ; la pension versée à l'orphelin âgé de moins
de 16 ans s'élève à un sixième de cette dernière
et celle attribuée à l'orphelin de père et de mère
à un tiers.

C'est la *Caisse centrale fraternelle* qui est
chargée de pratiquer l'assurance minière. Cet
établissement est dirigé par un comité de 20
membres, dont 16 sont élus par les assurés et 4
par les employeurs, suivant le principe de la pro=
portionnelle et au scrutin de liste. La gestion fi=
nancière de la caisse centrale fraternelle n'a pas
encore fait l'objet d'un règlement législatif. La loi
prévoit que ses dispositions les plus importantes
seront fixées par un décret d'administration pu=
blique, et se borne à charger les employeurs et
les assurés d'alimenter par moitié la caisse des
pensions. Suivant cette nouvelle loi, l'assurance
minière n'a pas encore été réalisée jusqu'ici.

B. Pour les employés de commerce l'assurance=
invalidité est réglée de la façon suivante :

A droit à une pension d'invalidité tout assuré
qui pour un vice corporel ou intellectuel ne peut
plus se livrer à la profession qu'il exerçait jusque=
là et est soumis à l'assurance obligatoire. A droit
en outre à une pension de vieillesse celui qui a
atteint l'âge de 65 ans et n'est pas, par son contrat

de travail, assujetti à l'assurance obligatoire. Les assurés sont classés, suivant le montant de leur traitement, en 16 catégories, dont la plus haute comprend les employés recevant un traitement supérieur à 9000 couronnes. Dans les 4 catégories inférieures, qui vont jusqu'à un traitement de 2400 couronnes, l'employeur verse les deux tiers de la prime et l'assuré le tiers restant. Dans les autres catégories, l'employeur et l'assuré acquittent chacun la moitié de la prime. La pension se compose d'une somme de base qui varie selon la catégorie de l'assuré et de tranches additionnelles égales à un huitième de la prime d'assurances versée après le 120ᵉ mois de cotisation. A cette pension s'ajoute en outre un supplément pour tout enfant n'ayant pas atteint l'âge de 18 ans, dans le cas où l'assuré prend soin de sa subsistance. Ce supplément s'élève à un sixième de la somme de base de la pension; les suppléments versés pour plusieurs enfants ne sauraient cependant excéder ensemble 50 % de cette somme. La veuve a droit à la moitié de la pension de l'assuré, l'orphelin âgé de moins de 18 ans à un tiers et l'orphelin de père et de mère à deux tiers.

La loi, qui a été amendée à plusieurs reprises, est conçue d'une manière assez casuistique, de sorte qu'il n'est pas possible de passer en revue toutes ces dispositions dans les limites qui nous sont assignées.

La période d'attente est de 120 mois de coti=
sation. Si l'invalidité ou la mort a été causée par
un accident de travail, la pension est servie même
si cette période d'attente n'est pas accomplie.

C'est l'Office générale des pensions, ayant son
siège à Prague, qui pratique ce genre d'assurances.

Le président du conseil d'administration de cet
établissement est désigné par le ministre de la Pré=
voyance sociale. Le conseil d'administration com=
prend 20 membres nommés par moitié par les em=
ployeurs et les assurés. Le contact direct entre l'Of=
fice des pensions et ses membres est assuré par 6
bureaux régionaux, administrés par des comités de
dix personnes désignées de la même façon, et un
président également nommé par le ministre de la
Prévoyance sociale. On a conservé quelques=uns
des offices des pensions dits suppléants, datant de
l'époque antérieure, principalement pour cer=
taines catégories spéciales d'employés (industrie
sucrière); ceux=ci doivent cependant verser à leurs
membres des pensions supérieures de $20^0/_0$ au
moins à celles que garantit la loi. L'Office général
des pensions avait le 1<sup>er</sup> janvier 1924, 171.803
membres et servait à cette date 1924 pensions
d'invalidité, 69 pensions de vieillesse, 3.262 pen=
sion de veuves et 3.029 d'orphelins.

C. Pour les autres catégories de travailleurs,
c'est=à=dire pour la majorité des ouvriers, l'assu=

rance en cas de vieillesse et d'invalidité n'existe
pas encore. A la suite des travaux préparatoires
très étendus qui ont été faits sur la base du recen=
sement de février 1921, le gouvernement a soumis
à la Chambre des Députés un projet de loi à ce
sujet au mois de juin 1923. Au moment où le
présent article a été écrit (juin 1924) ce projet
était étudié en commission. En voici les princi=
pales dispositions :

Tout travailleur pour lequel la loi n'a pas prévu
jusqu'ici l'assurance en cas d'invalidité et de vieil=
lesse, ou pour lequel cette assurance n'est pas réglée
par un contrat de droit public — avec l'Etat, les
administrations provinciales, municipales, etc. —
est asssuré pour une pension d'invalidité à la con=
dition qu'il ait accompli une période d'attente de
150 semaines de cotisations et qu'il soit, par suite
d'un vice corporel ou intellectuel, hors d'état de
gagner un salaire s'élevant à un tiers au moins de
celui d'un ouvrier normal. La pension annuelle
d'invalidité se compose d'une somme de base de
500 couronnes et d'un cinquième des primes
versées.

Une pension d'un montant égal est versée,
comme pension de vieillesse, à tout assuré âgé de
plus de 65 ans et cessant d'être assujetti à une
assurance obligatoire. La veuve de l'invalide a
droit à une pension égale à la moitié de celle de

l'assuré ; l'orphelin jusqu'à l'âge de 17 ans révolus à un cinquième et l'orphelin de père et de mère à deux cinquièmes de la pension d'invalidité. Les ressources nécessaires pour alimenter la caisse des pensions sont fournies par les primes d'assurances, dont l'employeur et l'assuré versent chacun la moitié. Cette prime doit atteindre par semaine entre 3 cour. 30 et 8 cour. 80, suivant la catégorie dans laquelle l'assuré est rangé d'après le montant de son salaire. Le nombre de ces catégories est de quatre.

C'est la *Caisse centrale des assurances sociales*, ayant son siège à Prague, qui pratique ce genre d'assurances. Cet établissement est dirigé par un président désigné par le Président de la République et un comité de 40 membres. Ceux-ci sont élus pour trois cinquièmes et désignés pour deux cinquièmes. Parmi les membres élus aussi bien que parmi les membres désignés du comité, la moitié sont choisis par les assurés et la moitié par les employeurs. Sont électeurs les membres des comités des caisses d'assurances en cas de maladie, qui, aux termes de la loi, sont chargés de la gestion locale de l'assurance ; ils doivent tenir à jour la liste des assurés et des pensionnés, fixer et recueillir les primes et recevoir les demandes de pension.

L'Etat contribue au paiement des pensions dans la proportion suivante : pour les pensions d'inva-

lidité et de vieillesse, par une somme annuelle de
500 couronnes, pour les pensions de veuves, de
250 couronnes; pour les pensions d'orphelin de
100 couronnes et pour les pensions d'orphelin
de père et de mère, de 200 couronnes. En outre
l'Etat versera les primes pour les soldats accom=
plissant leur service militaire. La loi prévoit que
si le nombre des assurés s'élève à 2,600.000, le
montant des primes atteindra annuellement 750
millions de couronnes; le nombre des pensions
servies après l'expiration de la période d'attente
sera de 16.627 et après dix ans de 404.092, et de
10 en 10 ans de 659.983, de 940.199, de 1,375.031,
de 1,681.795, de 1,760.657 et au bout de 75 ans
après l'entrée en vigueur de la loi de 1,767.278.

Suivant cette évaluation, la somme totale des
pensions marquera l'accroissement suivant en
milliers de couronnes: 10.130, 312.028, 674.224,
1,148.614, 1,984.914, 2,760.480, 2,905.267, 2,917.664.
La contribution de l'Etat à ces pensions en milliers
de couronnes, sera dans les premières années d'ap=
plication de la loi de 6.664, 19.769, 33.578, 48.469,
62.331, 75,674, 88.526, 100.994, 112.765, etc. et at=
teindra au bout de 50 ans la somme de 508.529.000
couronnes.

---

# LA RÉFORME AGRAIRE EN TCHÉCOSLOVAQUIE.

Par *Edouard Vondruška.*

La réforme agraire est incontestablement une des plus importantes réformes sociales réalisées en Tchécoslovaquie. Elle n'avait été préparée ni avant, ni après la libération du peuple tchécoslovaque; cependant elle était devenue nécessaire ne serait-ce que parce que le peuple pouvait enfin manifester sa volonté, longtemps subjuguée.

L'histoire, ainsi que le degré de civilisation, nous obligent à distinguer en Tchécoslovaquie entre les pays de la couronne de Bohême d'une part (Bohême, Moravie, Silésie), la Slovaquie et la Russie Subcarpathique de l'autre.

Selon le recensement du 15 février 1921 la Bohême comptait au total 6,670.582 habitants, répartis ainsi suivant leurs occupations : agriculture, sylviculture, pêche: 1,980.368 ; industrie et métiers : 2,734.344 ; autres professions: 1,955.870.

La Moravie et la Silésie avaient une population totale de 3,335.152 habitants, se répartissant par professions de la manière suivante : agriculture, sylviculture, pêche: 1,176.122 ; industrie et métiers: 1,272.462 ; autres professions: 886.568.

Actuellement donc la production primaire y
comptant la sylviculture et la pêche donne la nour=
riture à peu près à un tiers de la population des
pays dits de la couronne de Bohême.

En Slovaquie la population totale est de 3,000.870
habitants, répartis par professions de la manière
suivante : agriculture, sylviculture et pêche 1 mil.
818.595 ; industrie et métiers : 530.192 ; autres
professions : 652.083.

Enfin, la Russie subcarpathique compte 604.745
habitants, dont 409.030 s'occupent d'agriculture,
de sylviculture et de pêche, 64.022 sont employés
dans l'industrie et les métiers et 131.693 dans les
autres professions.

Ces chiffres montrent clairement qu'en Slova=
quie et en Russie subcarpathique, l'agriculture
prédomine sur l'industrie et les autres professions.

En conséquence, dans l'ensemble du pays, l'agri=
culture a une légère supériorité sur l'industrie.
Voici les chiffres pour 1921 :

Agriculture, sylviculture, pêche . . .    5,384.115
Industrie et métiers . . . . . . . . . .    4,601.020
Autres professions  . . . . . . . . . .    3,626.214
Total . . . 13,611.349

L'agriculture fait donc vivre près de 40 pour
cent de la population totale du pays, l'industrie
et les autres métiers un peu plus de 33 pour cent.

Le recensement de 1921 donne également le nombre des personnes travaillant pour leur propre compte dans l'agriculture, la sylviculture et la pêche, à savoir :

en Bohême : 267.082 hommes, 47.492 femmes, au total 314.574 ; en Moravie et en Silésie : 150.857 hommes, 34.753 femmes, au total 185.610.

Le recensement de 1921 fait ressortir en Bohême, par rapport à 1910, une diminution du nombre des personnes employées dans l'agriculture, s'élevant à 8.281 hommes travaillant pour leur propre compte (y comptant les fermiers); cette diminution s'explique par les pertes subies du fait de la guerre. On constate en revanche pendant les dix dernières années une augmentation du nombre des femmes travaillant pour leur compte dans l'agriculture, et dès 1921 il s'est produit une certaine augmentation du nombre des entreprises agricoles.

En 1921 on comptait parmi les ouvriers et journaliers occupés dans l'agriculture (sans la sylviculture et la pêche) :

en Bohême 193.319 hommes, 192.179 femmes, au total 385.498 ; en Moravie et Silésie 103.623 hommes, 110.857 femmes, au total 214.480.

Le nombre total des ouvriers, des journaliers et de membres de leurs familles occupés à des travaux agricoles atteignait :

en Bohême 308.481 hommes, 296.205 femmes,

au total 604. 686 ; en Moravie et Silésie 176.992 hommes, 175.422 femmes, au total 352.414.

En 1910, on comptait dans ces territoires indus=triels :

en Bohême : ouvriers, journaliers et membres de leurs familles : 913.077 personnes ; en Moravie et Silésie : 522.604 personnes.

Cette diminution s'explique par l'exode des ouvriers agricoles vers les villes, exode provoqué par le développement extrêmement favorable de l'industrie au cours de ces dernières années.

Sans doute pendant cette période l'abandon des champs pour l'usine n'a pas pris des proportions aussi considérables en Slovaquie et en Russie sub=carpathique que dans les territoires tchèques, mais on y constate un mouvement analogue.

Selon les résultats du recensement de 1921, la situation était la suivante en Slovaquie et en Rus=sie Subcarpathique : sur 1000 habit nts occupés à la production primaire on comptait : 371 travail=lant pour leur compte, 12 employés, 339 ouvriers et journaliers, 278 membres de leurs familles. En 1910 on comptait dans les 16 départements de la Haute=Hongrie (territoire actuel de la Slovaquie) 385 personnes travaillant pour leur compte, 5 em=ployés, 369 ouvriers et journaliers, 241 membres de leurs familles.

Dans l'ensemble du pays, et à la lumière des

chiffres relatives fournis par le dernier recense=
ment, nous trouvons pour 1000 agriculteurs tra=
vaillant pour leur compte :

en Bohême . . . . . 1200 ouvriers et journaliers
en Mor. et en Silésie 1142 » » »
en Slovaquie . . . . 934 » » »
en Russie Subcarp. . 605 » » »

Dans son étude statistique sur *L'état écono=
mique et social de la population tchécoslovaque
à la lumière des recensements* (Prague, 1923,
*imprimerie de la Société tchèque d'économie po=
litique*), M. A. Boháč montre, à l'aide des chiffres
qui précèdent et du nombre des employés dans
les diverses régions du pays, que la grande pro=
priété occupe en Slovaquie une place plus considé=
rable que dans les territoires tchèques et, d'autre
part que la propriété moyenne y est inférieure
aussi bien à la grande propriété qu'à la petite,
tandis qu'en Russie Subcarpathique la petite pro=
priété a la supériorité décisive.

Afin de permettre au lecteur de se faire une
idée exacte de l'état social et économique de la
population agricole en Tchécoslovaquie, nous
reproduirons également les chiffres suivants :

Sur une superficie totale de 14,035.190 hectares,
on compte

en Bohême 2,463.302 *ha* de terre arable,
565.826 *ha* de prés, 60.325 *ha* de jardins ;

en Moravie 1,155.864 *ha* de terre arable, 171.468 *ha* de prés, 27.104 *ha* de jardins;

en Silésie 203.349 *ha* de terre arable, 30.784 *ha* de prés, 9.992 *ha* de jardins;

en Slovaquie 1,858.511 *ha* de terre arable. 441.914 *ha* de prés, 43.297 *ha* de jardins;

en Russie Subcarpathique 219.006 *ha* de terre arable, 176.196 *ha* de prés, 9.488 *ha* de jardins.

La Bohême couvre une superficie totale de 5,205.308 hectares; elle comprend donc 59. 5 pour cent de terre arable, prés et jardins; la Moravie occupe 2,230.351 *ha* et la proportion de terre arable, prés et jardins y est de 67 pour cent; en Silésie, ces chiffres sont respectivement de 441.999 *ha* et 54.3 pour cent; en Slovaquie, de 4,893.589 *ha* et de 47.9 pour cent; en Russie Subcarpathique, de 1,263.943 *ha* et 32 pour cent. Les pâturages occupent en Bohême 5 pour cent de la superficie totale, en Moravie 5.6 pour cent, en Silésie 5.1 pour cent, en Slovaquie 12.4 pour cent et en Russie Subcarpathique 15.2 pour cent. La Bohême a 30 pour cent de forêts, la Moravie 28.8, la Silésie 35.1, la Slovaquie 34.1, la Russie Subcarpathique 49.

La superficie totale en terres arables, prés, jardins et vignes est de 7,449.682 hectares dans l'ensemble du pays.

Suivant une statistique dressée le 31 décembre

1896, la répartition du sol en Bohême, Moravie et Silésie, suivant l'étendue des propriétés, était la suivante :

|  | Nombre des propriétés | Superficie |
|---|---|---|
| de 0.0 à ¹/₂ ha | 667.526 | 102.232 ha |
| „ ¹/₂ à 1 „ | 201.389 | 144.393 „ |
| „ 1 à 2 „ | 180.542 | 256.684 „ |
| „ 2 à 5 „ | 176.826 | 560.855 „ |
| „ 5 à 10 „ | 103.497 | 744.079 „ |
| „ 10 à 20 „ | 94.960 | 1,354.688 „ |
| „ 20 à 50 „ | 51.813 | 1,449.352 „ |
| „ 50 à 100 „ | 4.181 | 276.924 „ |
| „ 100 à 200 „ | 1.126 | 151.984 „ |
| „ 200 à 500 „ | 567 | 173.954 „ |
| „ 500 à 1000 „ | 214 | 154.240 „ |
| „ 1000 à 2000 „ | 165 | 240.503 „ |
| au-dessus de 2000 „ | 236 | 2,150.680 „ |

Le nombre des propriétés inférieures à 2 *ha* s'élève à 70.7% du nombre total des propriétés ; elles n'occupent ensemble qu'une superficie égale à 6.49% de tout le sol ; les propriétés de 2 à 10 *ha* sont au nombre de 18.9% et occupent 16.82% du sol ; les propriétés de 10 à 100 *ha* sont au nombre de 10.2% et occupent 39.69% du sol ; de 100 à 500 *ha*, on compte 0.12% de propriétés et une superficie de 4.2% ; de 500 à 2000 *ha*, ces chiffres sont respectivement de 0.04% et 5.09% ; les *latifundia*, d'une superficie supérieure à 2000 *ha*, sont au nombre de 0.02% et occupent 27.71% du sol. Ainsi, les propriétés de plus de 100 *ha* repré=sentent 0.18% du nombre global des propriétés et occupent une superficie de 37%, c'est=à=dire de plus d'un tiers de l'étendue totale du pays.

En Slovaquie, suivant la statistique de 1904, le nombre des personnes possédant une propriété foncière inférieure à 10 arpents cadastraux* était de 206.806 ; 88.535 possédaient de 10 à 100 arpents cadastraux et 2.607 des propriétés supérieures à 100 arpents.

Suivant la statistique de 1895 sur le nombre et l'é=tendue des entreprises agricoles dans les 16 dépar=tements de la Haute=Hongrie (Slovaquie actuelle) la répartition des propriétés était la suivante :

|  |  | Nombre des propriétés | Superficie |  |
|---|---|---|---|---|
| de | 0 à 1 *arp. cad.* | 112.894 | 46.010 *arp cad.* |  |
| „ | 1 à 5 „ „ | 168.879 | 466.933 „ | „ |
| „ | 5 à 10 „ „ | 115.912 | 835.681 „ | „ |
| „ | 10 à 20 „ „ | 91.147 | 1,269.479 „ | „ |
| „ | 20 à 50 „ „ | 42.134 | 1,217.070 „ | „ |
| „ | 50 à 100 „ „ | 6.725 | 450.716 „ | „ |
| „ | 100 à 200 „ „ | 1.984 | 276.172 „ | „ |
| „ | 200 à 500 „ „ | 1.653 | 523.934 „ | „ |
| „ | 500 à 1000 „ „ | 871 | 615.996 „ | „ |
| au=dessus de 1000 „ „ |  | 935 | 3,151.881 „ | „ |

* Arpent cadastral = 0.5754 *ha*, 1 *ha* = 1.7377 arpent cadastral.

Comme on l'a vu plus haut, on trouve en Slovaquie et en Russie Subcarpathique un nombre relativement faible d'exploitations d'étendue moyenne ; 935 grands domaines de plus de 1000 arpents cadastraux y occupent 35% de la superficie totale. Les grandes propriétés et les exploitations minuscules y dominent.

Depuis la dernière statistique sur la répartition du sol jusqu'à la libération nationale tchécoslovaque, il ne s'était guère produit de changement dans les conditions de la propriété foncière ; la disproportion qui régnait entre la grande propriété foncière et la petite et la moyenne s'était maintenue.

La répartition de la propriété foncière en Tchécoslovaquie, injuste de point de vue social et funeste du point de vue économique, appelait sans retard une profonde réforme.

Dès le 9 novembre 1918, l'Assemblée Nationale vota une loi destinée à réserver dans les pays de la Couronne de Bohême les grands domaines aux buts poursuivis par la réforme agraire, avant qu'intervinssent le pillage et le démembrement. Il s'agit ici de la loi dite de la saisie des grands domaines, loi en vertu de laquelle sont déclarées non valables toute aliénation, tout séquestre, charge contractuelle d'exécution atteignant des domaines inscrits dans les registres territoriaux si l'autorisation n'a pas été obtenue des services compétents. Le 10 décembre 1918, l'Assemblée Nationale prit par une loi des mesures transitoires exceptionnelles assurant l'exécution de la réforme agraire sur le territoire slovaque, où existaient de grands domaines.

D'ailleurs la législation concernant la réforme agraire ne tarda pas à s'enrichir de nouvelles dispositions. Partout dans les Etats limitrophes, on procédait soit aux travaux préliminaires de la réforme agraire, soit à la réforme elle-même, en particulier en Allemagne, en Pologne, en Autriche, en Roumanie, en Yougoslavie, voire même en Hongrie, où le premier gouvernement Károlyi organisait partout des services destinés à la mise en application de cette réforme.

En Tchécoslovaquie, la situation sociale et économique réclamait application la plus rapide possible de la réforme agraire. La quantité relativement faible de terre revenant à une personne, l'immense étendue des *latifundia*, l'émigration permanente de la population agricole, principalement en Slovaquie, l'émigration interrompue seulement par la guerre, l'afflux de la population des campagnes dans les villes déjà débordantes d'ouvriers d'usines et autres, l'affermage prédominant ainsi que l'absentéisme contribuaient à rendre nécessaire la suppression d'une injuste répartition

de la propriété foncière et l'adaptation de celle-
ci aux exigences sociales et économiques de
l'époque.

Il ne faut pas perdre de vue que le dépeuple-
ment graduel des campagnes, surtout par suite de
la pénurie de terres et de l'impossibilité d'acquérir
des terres provenant des grands domaines, avait
atteint avant la guerre de redoutables proportions
et que, à l'heure actuelle, plus de 1,300.000 Tchécoslovaques vivent à l'étranger, faute d'avoir pu
trouver dans leur patrie des moyens d'existence.

Les latifundia (propriétés et fermages) n'ont
jamais cédé volontiers la terre nécessaire à l'agrandissement des exploitations agricoles moyennes
et petites ; au contraire, la grande propriété acca-
parait et cumulait sans cesse les terres tandis que
le domaine du paysan souffrait du morcellement
et que les exploitations agricoles minuscules for-
çaient leurs propriétaires et les membres de leur
famille à chercher leur subsistance soit dans les
villes (aux usines), soit à l'étranger.

Les pays tchèques constituaient dès avant la
guerre un exemple typique de sursaturation en
latifundia et la Slovaquie ainsi que la Russie subcarpathique les surpassaient encore à cet égard.
Dans les confins des pays tchèques où domine la
grande propriété foncière il a toujours existé une
inégalité sociale criante et une misère économique

de la majorité de la population, très arriérée au point de vue culturel.

La législation tchécoslovaque concernant la réforme agraire s'est donnée pour but une répartition plus équitable de la terre. Au cours de la première année d'après-guerre, année très agitée tant au point de vue social qu'au point de vue économique, on ne trouva point le temps de formuler avec précision les prescriptions concernant la réforme agraire : l'atmosphère politique, surtout celle de l'Europe Centrale n'était point suffisamment calme.

La première Assemblée nationale s'attela aux travaux préliminaires de la réglementation juridique de la réforme agraire ; mais pour les premiers temps, elle dut se contenter d'une loi de caractère général. Cette loi est la loi dite de saisie en date du 16 avril 1919. On l'appelle ainsi parce que toute propriété foncière de plus de 150 *ha* de sol agricole ou de plus de 250 *ha* de sol en général était frappée de saisie ; c'est-à-dire d'une restriction légale de la jouissance du propriétaire en ce qui concerne l'aliénation, la division, la mise en gage, l'affermage ou la location de cette propriété. De cette manière, le droit de jouissance devait être, dans les cas précités, subordonné au consentement de l'administration et ainsi la grande propriété était réservée pour les buts de la réforme agraire sans que fût enlevée à son propriétaire où à son

exploitant (fermier) l'exploitation elle=même. La
loi de saisie posa également le principe que la
réforme agraire devait s'appliquer uniquement
à la grande propriété foncière et que, pour les
buts de cette réforme, devaient être utilisées les
terres des grands domaines pour autant qu'elles
dépassassent la superficie de 150 *ha* de sol arable
(champs, prairies, jardins, vignes, houblonnières)
ou de 250 *ha* en général. Jusqu'à la limite de ce mi=
nimum, leur terre devait être en tout cas laissée aux
grands propriétaires. On exclut de la saisie les do=
maines publics (de l'Etat, de la province, des villes)
ainsi que les lots indépendants au point de vue ju=
ridique et économique non utilisés par l'exploita=
tion dans la propriété saisie. Les prescriptions plus
détaillées sur la procédure de saisie, l'indemnisa=
tion et la distribution furent laissées, par la loi de
caractère général, à une législation ultérieure. La
loi en question se contenta en effet surtout de dres=
ser la liste des propriétés saisies, d'édicter qu'aux
propriétaires devraient être laissés 150 *ha* de sol
agricole, 250 *ha* de sol en général, et dans certains
cas jusqu'à 500 *ha* de sol, enfin que, avant la prise
de possession de la propriété saisie on devait don=
ner congé aux exploitants. La loi de saisie confia
l'application de la réforme agraire à un nouveau
organe de l'Administration, l'Office foncier d'Etat.
En même temps que l'on procédait aux travaux

devant précéder la large application de la réforme
agraire, on entreprit une action dont la décision
était mûre et n'exigeait ni moyens spéciaux ni
nouveaux services. Il s'agissait du rachat des fer=
mages à long bail ou, comme la loi du 27 mai
1919 l'explique dans son titre, d'assurer de la
terre aux *petits* fermiers. Le fait qu'un grand
nombre d'exploitations agricoles minuscules ou
de faible étendue consistaient en parcelles de terre
affermées des grandes propriétés ou des biens
d'église ou des fondations provoquait une incerti=
tude continuelle de la situation économique et
sociale de ces petits fermiers qui dépendaient ainsi
du bon vouloir des grands propriétaires ou des
intendants ecclésiastiques et des fondations. Il était
nécessaire, à cette époque de misère qui caractérisa
l'après=guerre immédiate, une époque où le ra=
vitaillement alimentaire était insuffisant et où le
chômage menaçait à la fois les villes et les cam=
pagnes, d'assurer l'existence des petits fermiers.
La loi en question reconnut donc à ceux=ci le
droit, soit de racheter la terre qu'ils louaient soit
de rester en fermage pendant une période de six
années encore. — La loi entend sous la désigna=
tion de petit fermier celui dont la terre qu'il pos=
sède en propre et qu'il loue sur un grand domaine,
un bien d'église où une fondation ne dépasse pas
la superficie totale de 8 *ha*. Elle ne reconnaît au

petit fermier le droit de racheter ou de continuer
à tenir la terre en fermage que s'il exploitait lui=
même, lui ou ses prédécesseurs depuis le 1er octo=
bre 1901 le lot sur lequel il veut faire valoir les
dispositions de la loi. La loi fixait en même temps
que le prix de rachat devait être celui de 1913 et
que le petit fermier pouvait s'acquitter du prix
en question soit en une fois soit par dix annuités
égales, à condition qu'il payât dès l'abord deux
annuités. Les acquéreurs de lots ne peuvent aliéner
le lot qu'ils ont acquis avant dix ans à moins
qu'ils n'aient reçu à cet effet l'autorisation de
l'Office foncier d'Etat. La loi ne concerne point
les lots agricoles situés dans la partie bâtie des
villes, des communes, les lots appartenant aux
communes, enfin ceux desquels il a été reconnu
que des corporations d'utilité publique en avaient
besoin pour leur développement ou pour les éta=
blissements communaux ou hôpitaux, maisons
de santé et autres organisations humanitaires.

Les chiffres indiquant les résultats de l'opéra=
tion du rachat de la terre par des petits fermiers
à long bail étaient les suivants à la fin de 1922 :

|  | Nombre de petits fermiers | l'étendue en hectaires |
|---|---|---|
| en Bohême . . . . . . . | 99.031 | 82.543 |
| en Moravie et en Silésie . . | 24.625 | 15.436 |
| en Slovaquie et en Russie subcarp. | 4.831 | 3.140 |
| total . . . | 128.487 | 101.119 |

Il n'est tenu compte dans la statistique précé=
dente que des revendications reconnues justes
par les tribunaux et auxquelles il a été donné
satisfaction avant le 31 décembre 1922. On peut
évaluer à 110.000 *ha* de sol au moins le rachat
total de la terre en vertu de la loi du 27 mai
1919. Le prix consenti pour les 101.119 *ha* de
terre attribués aux fermiers par jugement a atteint
179.083.380 cour. tchéc.

En 1920, ont été votés par la première Assem=
blée nationale les lois d'exécution de la loi de
saisie ainsi que la loi sur la répartition des terres
en date du 30 janvier 1920, celle de l'exploitation
de la propriété saisie en date du 12 février 1920,
la loi des crédits en date du 11 mars 1920 ainsi
que la loi d'indemnisation en date du 8 avril 1920.

En 1919 a été promulguée la loi portant la
création de l'Office foncier d'Etat, organe auquel
la loi de saisie avait confié l'applications de la
réforme agraire. L'Office est autonome, il relève
seulement du Conseil des Ministres, a à sa tête
un président et deux vice=présidents. Son siège
est à Prague, mais pour remplir certaines de ses
attributions, il a des bureaux de district qui sont
des offices de première instance. Ces bureaux de
districts étaient au cours de l'été 1924, au nombre
de 11 : Prague, Plzeň, Budějovice, Ml. Boleslav,
Hradec Králové, Brno, Olomouc, Trenčín, Zvo=

len, Prešov et Užhorod. Le bureau administratif de l'Office foncier d'Etat composé de 12 mem= bres élus pour trois années par l'Assemblée Na= tionale veille sur les travaux de l'Office et décide de certaines questions.

Sur la base de la loi de saisie, on a dressé le recensement de la grande propriété foncière et cela, avant qu'eussent été votées les lois des= tinées à la mise en vigueur de la loi de saisie. Les résultats de ce recensement étaient les suivants à la date du 1ᵉʳ mai 1923 : En toute avai= ent été saisis dans toute l'étendue de la Répu= blique tchécoslovaque 3.963.064 *ha*, soit les 28,2⁰/₀ de toute la terre. — Le sol agricole (champs, jar= dins, vignes, houblonnières) occupait 1.028.243 *ha*, les prés 201.445 *ha*, les pâturages 181.360 *ha*, les forêts 2.453.465 *ha*, les terrains à bâtir, les eaux et le reste du sol occupaient 98.551 *ha*. Les terres agricoles occupent donc dans l'ensemble saisi 1.229.688 *ha*, soit les 16,5⁰/₀ de tout le sol agricole de l'Etat entier et sur le sol non=agricole (surtout forêts et eaux) on a saisi 2.733.376 *ha*, c'est=à=dire les 41,4⁰/₀ de tout le sol non=agricole de l'Etat entier. Quant aux grandes propriétés foncières, l'Etat en a saisi dans toute l'étendue de la République 1730 dont 786 dans les pays historiques et 944 en Slovaquie et en Russie sub= carpathique. Dans ces ensembles saisis, il existe

754 cas de grande propriété foncière d'une super=
ficie allant jusqu'à 500 *ha* et d'une superficie to=
tale de 261.850 *ha*. Sur les 786 cas où il y a eu
saisie de propriété dans les pays historiques, dans
65, il s'agissait de personnes juridiques. La pro=
priété ecclésiastique saisie avait dans la Répu=
blique tchécoslovaque' une superficie totale de
489.748 *ha* dont 139.492 en Bohême, 154.676 en
Moravie et en Silésie, 193.700 en Slovaquie,
1880 en Russie subcarpathique. Elle appartient
en tout à 85 propriétaires.

Parmi les lois d'exécution qui suivirent la loi
de saisie la première qui fut votée fut la loi de
partage (en date du 30 janvier 1920). C'est dans
cette loi que se trouvent les prescriptions con=
cernant la répartition du sol de la propriété fon=
cière saisie. — En vertu de cette loi, l'Office fon=
cier d'Etat répartit le sol dont il a pris possession
pour autant que l'Etat lui=même ne le garde pas
lui=même ou ne l'utilise dans l'intérêt commun

1° entre les particuliers : agriculteurs, cottagers,
artisans, ouvriers et employés agricoles et fores=
tiers ainsi que personnes sans terre, particulière=
ment légionnaires et individus appartenant à la
force armée tchécoslovaque ainsi que descendants
de ceux qui sont morts pour la patrie ou au ser=
vice militaire, invalides de guerre, ainsi que des=
cendants de soldats tués ou décédés au service,

2° entre les associations qui se composent des personnes citées plus haut,

3° entre les associations d'intérêt général auto=nomes, les corporations et institutions ainsi qu'associations ne poursuivant pas de but de lucre (coopératives de construction, sociétés, unions, fondations, etc.),

4° entre les associations agricoles et de con=sommateurs,

5° entre les communes et autres associations d'intérêt général,

6° entre d'autres personnes juridiques, institu=tions et organisations poursuivant des buts scien=tifiques, philanthropiques et utiles à la commu=nauté.

Aux individus énumérés sous le titre I, la terre doit être attribuée de manière qu'ils puissent or=ganises des exploitations, indépendantes d'une étendue telle qu'elles puissent se suffire à elles=mêmes. Il doit leur être attribué de la terre pour les bâtiments d'habitation, pour ceux destinés à l'exploitation, pour l'organisation de jardins, de cours en quantité suffisants pour l'agrandissement nécessaire de ces installations ainsi que des petites exploitations agricoles. La terre peut être attribuée soit à titre de propriété, soit à titre de fermage, soit à titre de propriété individuelle, soit à titre de pro=priété collective (aux coopératives et en général à les associations de personnes même en dehors des coopératives), aux communes et autres associations d'intérêt général, il peut être attribué de la terre soit en vue de compléter leur propriété foncière, soit afin de leur permettre de créer des entreprises communales auxquelles se rattachent également les entreprises agricoles spéciales ayant pour but de pourvoir aux besoins locaux et au ravitaillement des institutions communales, etc. . . . Quant aux pâturages, ils doivent être attribués en premier lieu aux communes et aux associations agricoles. Pour la terre en forêts, ou bien l'Etat la conserve ou bien il l'attribue à des communes et à des associations d'intérêt général, dans la mesure de leurs besoins et si elles garantissent une exploitation méthodique. Les étangs sont attribués en règle géénrale aux communes et autres associations et groupements d'intérêt général. Quant aux entreprises industrielles, elles peuvent être attibuées surtout aux unions formées en vue d'une industrie agricole et en vue de soutenir la production agricole, en ce qui concerne les producteurs de matières premières que l'entreprise en question élabore ou en ce qui concerne les consommateurs de ces produits. Afin d'acquérir la terre nécessaire pour les buts de la réforme agraire, là où il n'y a pas de terre saisie ou là où il n'y en a pas assez, l'Office foncier d'Etat peut échanger de la terre saisie pour

de la terre non saisie et utiliser pour cet échange
les lots dits »de reste« en présence desquels on
se trouve, une fois le partage accompli. Dans la
mesure où l'Office n'emploie pas ces lots »de
reste« comme échange pour la terre non saisie, il
doit les attribuer aux aspirants qualifiés et capables
d'exploiter sur de plus grandes entreprisses agri=
coles. Toute l'exploitation ou une étendue plus
grande de terre ne peuvent être attribuées qu'avec,
d'une part, la limitation du droit du proprié=
taire pour ce qui concerne, d'une part, le droit de
disposer entre vifs (hypothèques, aliénation,
affermage seulement avec l'autorisation de l'Of=
fice), et d'autre part des restrictions concernant
le droit de successions, car après la mort du pro=
priétaire, l'exploitation ne doit par être divisée.
Le but poursuivi est de conserver l'exploitation
agricole comme un tout, d'une étendue telle que
l'entreprise se suffise à elle=même. On estime que
se suffissent à elles=mêmes, les entreprises de 6
à 10 *ha*, voire même 15 de sol agricole, selon leur
qualité. Sont exclus de la distribution: 1° ceux
qui ne sont pas ressortisants tchécoslovaques, 2° les
individus qui, à la suite d'une condamnation pour
crime ont perdu le droit de vote dans la commune,
pour autant que cette conséquence dure, enfin les
individus moralement dégénérés, 3° les individus
qui, au point de vue physique et mental ne sont

pas capables de se consacrer aux buts pour les=
quels a lieu la distribution des terres, à moins
toutefois qu'il ne s'agisse d'invalides de guerre et
que la famille du postulant soit en mesure de
combler l'insuffisance de sa capacité.

La loi concernant l'exploitation sur la propriété
foncière saisie (en date du 12 février 1920) a édicté
des prescriptions ayant pour but d'assurer l'inté=
grité de la propriété saisie en vue de la réalisation
des buts de la réforme agraire et au point de vue
agricole et en tenant compte de l'intérêt l'Etat
à une production agricole intensive possible seu=
lement si cette propriété est bien tenue.

La loi des crédits (en date du 11 mars 1920)
a édicté les normes dans lesquelles les crédits peu=
vent être attribués comme secours avec acquéreurs
de la terre. En vertu de cette loi, il peut être ac=
cordé auxdits acquéreurs un crédit de tenure et
d'exploitation. Le crédit de tenure peut être accor=
dé pour acquérir la terre en propriété jusqu'à
concurrence des neuf dixièmes du prix de partage
et aussi pour acquérir les bâtiments d'exploitation
et d'habitation jusqu'à concurrence de la moitié
de leur prix. Le crédit attribué est à long terme
et l'intérêt n'en peut être haussé. Aux légionnaires,
aux invalides et aux membres de leurs familles
ainsi qu'aux familles des soldats morts à la guerre,
il peut être accordé un secours supplémentaire

consistant en crédits pris sur les fonds destinés
à leur aide. Le crédit d'exploitation n'est accordé
qu'aux coopératives et aux unions. Les acquéreurs
de la terre qui demandent un crédit d'exploitation
doivent être ou devenir membres de telles coopé=
ratives ou unions. L'Office foncier ou attribue le
crédit d'exploitation, en espèces sur ses fonds, ou
accepte au nom de l'Etat une garantie de soutien
jusqu'à concurrence de la moitié de la perte prou=
vée, pour les obligations contractées par la coopé=
rative ou de l'institution de crédit. Ces garanties
sont fixées au chiffre maximum de 200 millions de
cour. Pour soutenir la colonisation intérieure, il a
été créé près l'Office foncier d'Etat un fonds gé=
néral de colonisation doté de 20,000.000 de cou=
ronnes accordés par l'Etat. — Dans le cadre de la
loi ont été publiés pour les aspirants à un crédit des
ordonnances (ord. du 30 mars 1921). Un fonds
d'un million de cour. en espèces a été créé pour
les légionnaires tchécoslovaques. — Les disposi=
tions concernant l'usage du fonds général pour le
soutien de la colonisation intérieure ont été pu=
bliées dans la déclaration du 30 octobre 1922.

La dernière des lois ayant trait à l'application
de la loi de saisie est la loi d'indemnisation en
date du 8 avril 1920, amendée par la loi du
13 juillet 1922. Cette loi contient les prescriptions
concernant la prise de possession et l'indemnisa=

tion pour la propriété foncière saisie. La loi établit
que l'indemnité (prix de livraison) pour la
propriété foncière prise en possession est le prix
obtenu en faisant la moyenne des prix payés au
cours des années 1913 à 1915 lors de la vente
amiable des domaines d'une étendue de plus de
100 *ha*. De ce prix de base, on déduit certaines
sommes variables suivant l'importance de la pro=
priètè saisie et suivant l'époque où ladite pro=
priété a été mise en possession de l'Etat. Ces
décomptes dits de latifundia atteignent $^1/_{10}$ pour
cent du prix d'indemnité de base par superficie
de 100 *ha* d'un ensemble dépassant 1.000 *ha* et
augmentent chaque année d'$^1/_{20}$ si la propriété
saisie n'a pas été prise en possession avant l'année
1923. La somme totale des décomptes de latifun=
dia ne peut dépasser 40$^0/_0$. Les décomptes de
latifundia sont versés à un fonds général destiné
au soutien de la colonisation intérieure. Les amé=
liorations et capitaux investis, postérieurs au 1er
août 1914 sont évalués d'après les frais réels de
production et de construction avec le décompte de
l'amortissement adéquat. On évalue en particulier
les frais nécessaires par la préparation de la nou=
velle récolte et la valeur de cette récolte; de plus
les arbres fruitiers des vergers ainsi que les arma=
tures de fils de houblonnières. Pour les engrais
artificiels dont l'exploitant n'a pas profité et

dans la mesure où il n'en a profité complètement, celui=ci en est indemnisé personnellement en espèces. L'indemnité est payée par l'Office foncier d'Etat au propriétaire en espèces ou est inscrite dans le livre des indemnités, c'est=à=dire qu'on ouvre à l'ancien propriétaire un compte à la banque d'indemnisation qui tient les livres des indemnités. La banque d'indemnisation est en ce moment (1924) l'Office du Chèque Postal, bureau d'Etat. Jusqu'à ce que l'indemnité soit fixée définitive= ment, le propriétaire peut demander en justice qu'on lui fasse droit dans les trente jours qui sui= vront la remise de la décision, et la revendication doit être faite auprès des trois instances judiciaires jusqu'au tribunal suprême. Aussitôt que la déci= sion concernant l'indemnité a reçu force légale, le tribunal compétent répartit les indemnités d'après le principe de l'enchère la plus élevée pour les immeubles vendus aux enchères. Dans la mesure où l'indemnité pour la propriété prise en posses= sion n'est pas épuisée par les créances, elle forme la créance de l'ancien propriétaire vis=à=vis de l'Etat. Si l'Etat ne paie pas cette créance en espèces, il lui attribue $4^0/_0$ d'intérêt et l'amortit an= nuellement de $^1/_2{}^0/_0$ au moins. Le créancier en tant que propriétaire du compte inscrit dans le livre des indemnités ne peut dénoncer sa créance vis=à= vis de l'Etat, à moins qu'il ne s'agisse d'institutions

et de fondations ayant reçu un crédit hypothé=
caire avec la garantie pupillaire. A l'expiration
d'un délai de cinq années, à partir de l'inscrip=
tion dans le livre des indemnités, les anciens
créanciers du livre peuvent dénoncer leurs créances
et les ayants=droit sont inscrits avec leurs créances
dans le livre des indemnités.

La loi d'indemnité a donné pouvoir à l'Etat de
publier des prescriptions obligatoires pour la
fixation et le calcul de l'indemnité pour la pro=
priété foncière saisie et prise en possession par
l'Etat et le gouvernement a promulgué le 21
janvier 1921 une ordonnance contenant les tables
permettant de calculer le prix de la terre et les
prescriptions réglementant en détail le calcul de
l'indemnité pour les forêts.

L'amendement à la loi d'indemnisation élargit
les prescriptions originales relatives à la protection
des personnes employées sur la terre saisie. Il
stipule que si les personnes employées à titre per=
manent perdent leur place par suite de la réforme
agraire, elles doivent être indemnisées par un des
modes suivants: 1° par attribution de biens im=
meubles, 2° par un autre emploi répondant à leurs
aptitudes qu'on leur procurera, 3° par une indem=
nité pécuniaire, 4° par une rente de vieillesse
ou d'invalidité. L'Office foncier assure les obli=
gations et sommes que l'Etat devra débourser

pour ces indemnités aux personnes ancienne=
ment employées sur la terre saisie sur le fonds
spécial de colonisation intérieure auquel sont
attribués les décomptes de latifundia susmenti=
onnés et d'une majoration spéciale de 15% du
prix de la terre répartie que doivent payer, en
entrant en possessions les acquéreurs de la terre
répartie. Pour assurer les rentes de vieillesse et
d'invalidité des personnes employées sur les
grandes propriétés saisies, un fonds spécial est
créé avec une contribution de l'Etat s'élevant
à 5 millions de cour. Le fonds perçoit en vertu
de la loi d'indemnisation une contribution dite
»Contribution à l'hectare« payée par les proprié=
taires des grandes propriétés ; elle s'élève à 3 cour.
par *ha* de terre saisie; les propriétés n'atteignant
pas 250 *ha* sont exemptes de cette contribution.
Des ordonnances gouvernementales spéciales
contiennent des prescriptions relatives à la pro=
tection des personnes employées d'une manière
permanente sur les grandes propriétés saisies; un
règlement a été publié pour les commissions d'ar=
bitrage instituées par la loi d'indemnisation pour
que les employés puissent en appeler des décisions
de l'Office foncier relatives à leur protection.

En vertu de la loi d'indemnité, une avance de
150 millions (fonds d'indemnité) a été consentie
par l'Etat aux fins de la réforme agraire.

197

La première loi d'exécution (loi sur la distribu=
tion) tenait compte de la longue durée de l'appli=
cation de la réforme agraire, des travaux prélimi=
naires, de l'établissement de l'Office foncier, du
recensement de la terre saisie et du fait qu'on ne
pourra satisfaire aux revendications les plus pres=
sées des postulants dans les régions où la distribu=
tion est la plus urgente. Aussi la loi sur la réparti=
tion règle=t=elle, par des dispositions provisoires, la
forme du bail forcé provisoire du sol. L'Office fon=
cier a le droit d'ordonner aux personnes exploitant
les grandes propriétés saisies qu'elles laissent aux
personnes nommées en premier lieu dans la loi
sur la distribution du sol, une partie convenable
de ce sol en bail ou en sous=location dans les
conditions de bail courantes si lesdites personnes
donnent la garantie sûre et certaine qu'elles peu=
vent procéder à une exploitation régulière et si ces
mesures ne menacent ni les intérêts de la produc=
tion ni ceux des personnes employées à titre per=
manent sur la terre saisie ni ceux de l'approvision=
nement national. La durée du bail ne doit pas dé=
passer six années ; qu⁻nt au bail forcé provisoire
d'une durée inférieure à six années (durée con=
venue entre les parties) une loi spéciale en date du
13 juillet 1922 l'a prolongé pour une durée totale
de six années. Pour ces baux forcés provisoires,
ce sont les administrations de district qui sont com=

pétentes : elles décident en première instance. Pour les aider, des conseillers-experts ont été nommés et un Conseil dit de district a été institué pour chaque district politique, conseil composé des délégués de tous les groupements intéressés. Des conseils consultatifs locaux ont été créés dans les communes. Quant au choix des fermiers pour le bail forcé, on a tenu compte du fait qu'il s'agit en l'espèce d'une mesure provisoire ayant pour but d'aider les plus petits cultivateurs et les aspirants sans terre. Il fallait bien assurer immédiatement le nécessaire à l'aspirant-fermier et à sa famille. C'est ainsi qu'on a affermé en bail forcé en 1920 et 1921 141.172 *ha* (soit en Bohême 40.291 à 101.228 postulants, en Moravie et en Silésie 21.005 *ha* à 69.022 postulants, en Slovaquie 33.780 *ha* à 65.034 postulants et en Russie Subcarpathique 46.096 *ha* à 29.898 postulants. La moyenne pour toute la République est de 0 *ha* 53 en bail forcé par location.

En dehors du cadre des baux forcés et de la réforme agraire proprement dite, l'Office foncier a commencé à la fin de l'année 1920 à répartir la terre saisie pour des buts de construction. On pensait ainsi remédier à la crise du logement et faciliter la construction de bâtiments d'exploitation agricole ou destinés à la petite industrie, l'organisation de petits jardins et de cours, d'entreprises de bienfaisance et de gymnastique. La

répartition de la terre saisie pour des buts de cons=
truction n'a eu lieu que dans la mesure minimum
et l'Office foncier a fixé strictement les étendues
de répartition : de 250 à 400 *mq* pour une mai=
sonnette familiale avec cours sans jardin, jusqu'à
1200 *mq* pour la construction d'une propriété
rurale, jusqu'à 2500 *mq* pour celle d'une école
de campagne avec cour et jardin, jusqu'à 5000 *mq*
pour une salle de gymnastique avec champ d'exer=
cices, jusqu'à 500 *mq* pour le local d'exploitation
d'une petite industrie. La plupart des demandes
de lots pour construction ($^2/_3$ des demandes) ont
été réglées par un accord entre le propriétaire
et le postulant. Jusqu'à la fin de l'année 1922,
537 *ha* de terre saisie ont été répartis entre 988
postùlants pour des buts de culture physique
(311 *ha* ont été consacrés à la construction). Les
chiffres concernant la répartition des terres desti=
nées à la construction ont été les suivants. Sur
49.151 postulants, 32.000 ont pu être satisfaits. La
superficie demandée s'élevait à 12.000 *ha*, le
prix moyen était approximativement de 100.000
couronnes par *ha*. Les aspirants acquirent ainsi en
tout plus de 6000 *ha* de sol.

L'Office foncier a commencé en 1921 à appli=
quer la réforme agraire. A la fin de 1923, il avait
pris possession de 170.529 *ha* de terre cultivable
dont 81.483 en Bohême, 22.846 en Moravie et en

Silésie, 51.200 en Slovaquie et 15.000 en Russie subcarpathique. Outre le sol agricole il avait déjà pris possession avant cette date de 22.091 *ha* de sol non agricole dont 19.351 d'exploita= tions forestières. Pendant la même période, il y a eu 188.927 demandes de sol émanant de postulants dont 40.850 étaient sans terre, 99.947 cultivateurs et 48.130 postulants de profession diverse. Les cultivateurs exploitant des propriétés mesurant plus de 5 *ha* de terre n'atteignent que les 15% du nombre des demandeurs; quant aux autres, ils ne possèdent pas de terre ou ont des propriétés de moins de 5 *ha* — 6218 légionnaires et 9899 invalides ont demandé également des terres.

Jusqu'à la fin de l'année 1923, il a été procédé à une répartition du sol saisi entre 21.635 per= sonnes ne possédant point de terre, 62.812 culti= vateurs, 32.705 personnes de profession diverse, en tout 117.152 postulants. 98·6% de ces person= nes sont des personnes physiques, les autres sont des personnes juridiques. En premier lieu, on trouve les cultivateurs, en second lieu, les petits industriels et artisans, en troisième lieu, les ouvri= ers agricoles (10·06%), en quatrième lieu, les ou= vriers et employés d'industrie (7·98%). Jusqu'à la fin de l'année 1923, 4226 employés de grandes propriétés agricoles ont revendiqué le sol saisi; on a satisfait à 3.640 demandes.

Jusqu'à la fin de l'année 1923, on a réparti en détail 137.041 *ha* de terre saisie et 170.000 *ha* du sol agricole, le reste a été laissé aux fermes dites »de répartition de détail« qu'on a complétées à l'aide de domaines »de reste«. Le nombre des ré=partitions de détail s'est élevé à 116.748 *ha* celui des domaines de reste à 456. — La moyenne de la répartition de détail a atteint1·18 *ha*, la superficie moyenne d'un domaine »de reste« a été de 80 *ha*. La plupart des fermes dites »de reste« ont été attribuées à titre de propriété. Les personnes em=ployées sur les grandes propriétés se sont vu attribuer 113 domaines de reste, les anciens fer=miers 135, l'Etat 25, les corporations publiques 10, les communes 16, les coopératives 17, les ins=titutions de bienfaisance 1, les légionnaires 26, les agriculteurs éprouvés 46, les autres aspirants 29.

Jusqu'au 31 janvier 1924, en vertu des lois sur la réforme agraire, 13.018 personnes employées sur les grandes propriétés agricoles ont été pour=vues dont 257 employés, 1112 garçons de ferme, 5184 individus recevant leurs gages en partie en nature et 6465 ouvriers. 2552 employés ont reçu de la terre saisie à titre individuel, 218 ont bénéficié d'un bail à titre de membres d'une coopérative,4831 ont reçu une indemnité pécuniaire et 407 une rente. Jusqu'à la fin de l'année 1923, on a attribué aux employés 8.283 *ha* dont 3.883 en petites réparti=

tions et 4400 au domaines dites »de reste«. Jusqu'à
la fin de l'année 1923, l'Office foncier a payé aux
employés 22 millions de couronnes tchécoslova=
ques en indemnités et 9 millions en contributions
pour l'indemnisation partielle — 4831 employés
ont reçu une indemnité qui s'est élevée en moy=
enne à 26.000 couronnes pour un employé, à 9000
pour un garçon de ferme, à 3500 pour une per=
sonne touchant ses gages en partie en nature et
à 3400 pour un ouvrier. La moyenne de l'indem=
nité touchée par un ouvrier recevant des gages en
nature s'est élevée à 8000 cour. Jusqu'au 31 jan=
vier 1924, 407 personnes ont été pourvues de ren=
tes dont le montant annuel est de 1,110.000 cou=
ronnes.

Aux fins d'acquérir la terre saisie, les employés
des grandes propriétés ont créé un assez grand
nombre de coopératives dont, jusqu'à la fin de
l'année 1923, 9 avait acquis 1196 *ha* de terre. Ces
coopératives comptent 185 membres.

En procédant à la colonisation des grandes pro=
priétés rurales, on a pourvu, jusqu'à la fin de
l'année 1923, en Slovaquie 593 familles formant
20 colonies; au total 6357 *ha*. En dehors de cette
colonisation officielle, il y a eu colonisation pri=
vée en Slovaquie (285 colons et 3800 *ha*).

En 1923, une grande colonie de légionnaires
a été fondée avec 966 *ha* de terre.

En dehors de la législation pour la réforme agraire, il y a également protection législative pour les petits fermiers exploitant une terre non saisie. La législation les protège dans le cas où un congé sans motif plausible leur serait donné. Les petits baux agricoles peuvent être, dans certaines conditions, renouvelés même contre la volonté du bailleur, si le locataire déclare en temps oppor=tun qu'il veut continuer a cultiver la terre louée. Ces mesures législatives ne sont que temporaires et ne font que compléter la prévoyance sociale qui, dans la période d'après=guerre, vise à protéger le petit cultivateur tchécoslovaque.

---

# LA TCHÉCOSLOVAQUIE ET L'ORGANISATION INTERNA‹ TIONALE DU TRAVAIL.

Par *Eugène Štern.*

La Tchécoslovaquie a, dès le début, prêté son concours au Bureau International du Travail et pris une part active et efficace aux Conférences, aux sessions du Conseil d'administration et des. Commissions dont elle a eu l'honneur de faire partie.

On pourra juger par les exemples suivants de son attitude au moment où ont été présentés les voeux et les projets de conventions internationales approuvées par les Conférences du Travail et de la mesure où elle a décidé de les adopter:

La Conférence internationale du travail de Washington avait, en 1919, adopté les sept con‹ ventions suivantes:

*1° Convention sur la journée de 8 heures dans l'industrie.*

Seule, de tous les pays industriels de l'Europe, la Tchécoslovaquie a ratifié sans réserve cette im‹ portante convention.

Dès 1920 le Parlement était résolu à le faire.
La ratification a eu lieu le 24 août 1921 au Secré=
tariat de la Société des Nations. En agissant ainsi,
le Gouvernement tchécoslovaque était convaincu
que les autres Etats, ayant élaboré et signé le
Traité de Versailles (celui=ci était favorable en
principe à la journée de 8 heures) et ayant ap=
prouvé cette même convention à Washington, ne
manqueraient pas d'en faire autant de leur côté.
Mais l'exemple ne fut pas suivi. Ainsi la Tchéco=
slovaquie se trouva être le seul pays à avoir ac=
cepté cet engagement international.

En ratifiant cette convention, le Gouvernement
tchécoslovaque s'appuyait sur la loi de 8 heures
votée le 19 décembre 1918, N° 91 du Bulletin des
lois et décrets) et dont les dispositions fondamen=
tales touchant la limitation du travail dépassent les
stipulations de la Convention de Washington.
En effet, ces dispositions s'étendent au commerce,
aux professions libérales et même, en partie du
moins, à l'agriculture. La question a du reste fait
l'objet d'un traité spécial.

*2° Convention sur le chômage.*

Jusqu'à présent la Tchécoslovaquie n'a pas rati=
fié cette convention, bien qu'elle en ait appliqué
volontairement toutes les prescriptions. Le Gou=

vernement ne ratifie les conventions que lorsque la situation intérieure le permet d'une façon absolue.

L'article I de cette Convention demande que les Etats signataires envoient au minimum chaque trimestre au Bureau International du Travail un rapport sur les conditions du travail dans leur pays, et en particulier sur le chômage. Or, comme on peut s'en rendre compte par la Revue Internationale du Travail, la Tchécoslovaquie envoie chaque mois des statistiques sur le chômage.

L'article II demande que chaque Etat crée, sous le contrôle d'une autorité centrale, des Bureaux officiels de placement gratuit avec des commissions paritaires, comprenant un nombre égal de délégués d'employeurs et de délégués d'employés. Il existe en Bohême une loi qui répond pleinement à ces exigences, si bien qu'actuellement chaque district y possède son Bureau officiel de placement. Les autres provinces de Tchécoslovaquie possèdent ou bien des règlements spéciaux ou bien des Bureaux de placement créés en vertu d'une décision des autorités provinciales.

Dès 1921 le Gouvernement tchécoslovaque avait déposé au Parlement un projet de loi touchant les Bureaux de placement. D'après ce projet, toute la législation concernant ces bureaux devait être rendue uniforme. De plus, certains usages pratiqués jusqu'ici devaient recevoir force de loi et le droit d'embaucher dans le pays des ouvriers à destination de l'étranger ou vice versa, devait être réservé exclusivement aux Bureaux officiels de placement. Ceci avait du reste été déjà mentionné dans l'article 8 de la loi sur l'émigration. Enfin tous les Bureaux de placement particuliers devaient être supprimés, conformément aux articles I et II du vœu émis à Washington. Le projet en question n'a pas encore été voté par le Parlement. Les lois tchécoslovaques sur le chômage et sur les secours accordés par l'Etat aux chômeurs (consulter pour plus amples détails, l'exposé sur le chômage) admettent d'une façon absolue le principe de réciprocité à l'égard des étrangers dont il est question à l'article 3 de la Convention et du vœu sur le chômage.

### 3⁰ Convention sur la protection des femmes avant et après l'accouchement.

La convention interdit d'employer les femmes dans les entreprises industrielles commerciales ou de transports 6 semaines après l'accouchement. Elles doivent également pouvoir quitter le travail 6 semaines avant la naissance de l'enfant, avoir le droit d'être entretenues, durant toute cette

période, sur les fonds publics ou des caisses d'as=
surances et recevoir gratuitement les soins médi=
caux et les secours d'une sage=femme. Pendant
ces 12 semaines, ou éventuellement, pendant une
période plus longue déterminée par la législation
du pays, tant que les femmes souffrent des suites
de l'accouchement, elles ne peuvent être congé=
diées, autrement dit l'employeur est tenu de leur
accorder un congé non payé. Les femmes nour=
rissant un bébé ont en outre le droit, au cours
de la journée et à deux reprises d'une demi=heure
chacune, d'allaiter leur enfant.

La législation tchécoslovaque, à certains points
de vue, va plus loin que la convention ; à d'autres
points de vue, elle reste en arrière. En Tchéco=
slovaquie, l'assurance en cas de maladie s'étend
à toutes les femmes qui travaillent (y compris
celles qui se livrent à des travaux agricoles. —
Par là, elle répond au vœu de la troisième confé=
rence internationale du travail).

L'assurance s'étend également aux familles des
assurés durant la période critique. Elle peut égale=
ment comporter les soins médicaux (y compris
l'assistance pendant les couches), les médicaments,
etc . . . Les femmes assurées ont droit à des sub=
sides au cours de leur maladie. Les accouchées
reçoivent en outre 6 semaines avant et 6 semaines
après l'accouchement, mais à condition qu'elles

n'accomplissent durant cette période aucun travail rétribué, un secours pécuniaire égal au montant de l'indemnité en cas de maladie. Les jeunes mères qui allaitent leurs enfants obtiennent encore pendant 12 semaines après l'accouchement, et cela en plus de l'indemnité de maladie ou des secours qu'elles reçoivent en qualité d'accouchées, une allocation s'élevant à la moitié de l'indemnité en cas de maladie.

(Prime d'allaitement.) Cette faveur est quelquefois prolongée, grâce à l'assurance volontaire, pendant 26 semaines et s'étend même aux membres de la famille.

Par ailleurs, la législation tchécoslovaque ne satisfait pas complètement aux dispositions de la convention, car elle n'empêche pas le congédiement des accouchées pendant la période critique. De même, elle ne permet pas aux ouvrières employées dans l'industrie d'interrompre leur travail pour allaiter leur enfant. Celles-ci ne peuvent le faire que pendant le repos normal, après 5 heures de travail. Dès que la législation du pays aura interdit de congédier les femmes pendant la période critique, la convention pourra être ratifiée par la Tchécoslovaquie. Des modifications ont déjà été proposées au Parlement, en 1921, dans un projet gouvernemental. Rapport de la Chambre des députés N° 2060. Comme ce projet suscitait des difficultés et comportait un amendement à la loi de 8 heures, le gouvernement fut obligé de le retirer. Un nouveau projet est actuellement à l'étude, qui interdit durant la période critique, avant et après l'accouchement, le congédiement des femmes qui travaillent.

## 4° Convention sur le travail de nuit des femmes.

La Convention propose d'accorder aux femmes, occupées dans l'industrie, sauf les exceptions prévues par les articles 3 et 4 de la convention, un repos de nuit de 11 heures en y comprenant la période s'écoulant entre 10 heures du soir et 5 heures du matin. La législation tchécoslovaque va bien au-delà de cette convention, qui a déjà été ratifiée en 1921. La loi tchécoslovaque interdit, en principe, le travail de nuit des femmes, c'est-à-dire le travail de 10 heures du soir à 5 heures du matin, non seulement dans les entreprises industrielles, mais dans toutes les entreprises ayant un but lucratif. Si on rapproche cette disposition de la loi sur la journée de 8 heures, on arrive à un minimum de 11 heures consécutives de repos nocturne. Le décret autorise, exceptionnellement et temporairement, le travail de nuit des femmes âgées de plus de 18 ans, entre 10 heures du soir et 5 heures du matin, pendant la saison où l'on fabrique des conserves de fruits et où l'on sèche les légumes et les fruits. Cette autorisation s'étend d'une manière durable à toutes les entreprises d'agriculture, de viticulture ou s'occupant des arbres fruitiers. Il en est de même pour les soins à donner au bétail, pour la préparation des produits agricoles, ainsi que pour leur transport au marché, à condition toutefois que ces travaux ne puissent être effectués, ou du moins effectués normalement, pendant le jour.

Le travail de nuit est également admis dans les laiteries, les hôtels et restaurants, les gares, les services téléphoniques et télégraphiques, les bureaux d'expédition de journaux, les théâtres, les lieux de divertissement et les hôpitaux. Tout cela, du reste, ne dépasse pas les limites fixées par la convention.

Il ressort de ces prescriptions que la législation tchécoslovaque est également conforme aux vœux touchant le travail de nuit des femmes, notamment au vœu adopté à Genève par la III\ |^e|~| Conférence Internationale du Travail. Les auteurs de ce vœu demandaient qu'un repos de nuit de 9 heures consécutives au minimum soit assuré aux femmes qui travaillent. En ce qui concerne les domestiques agricoles, la loi tchécoslovaque sur la journée de 8 heures est tout à fait satisfaisante.

*5° Convention sur l'âge minimum
des enfants travaillant
dans l'industrie.*

L'art. 12 de la Convention interdit d'employer
des enfants n'ayant pas atteint l'âge de 14 ans,
dans des entreprises industrielles publiques ou
privées, à l'exception toutefois des entreprises
n'occupant que les membres d'une même famille.

La loi tchécoslovaque sur la journée de 8 heures
ne permet pas d'occuper dans l'industrie, comme
salariés, des enfants âgés de moins de 14 ans,
n'ayant pas terminé leurs études scolaires obliga=
toires. Les inspecteurs du travail, les autorités
scolaires et les commissions pour la protection
des enfants veillent à ce que cette prescription
soit rigoureusement observée. Pleinement auto=
risée par sa législation et par la pratique, la
Tchécoslovaquie a ratifié cette convention inter=
nationale en 1921.

*6° Convention sur le travail de nuit
des mineurs.*

La Convention propose d'interdire, à quelques
exceptions près, de faire travailler durant la nuit,
dans l'industrie, des mineurs âgés de moins de
16 ans. (C'est=à=dire pendant 11 heures consé=
cutives, de 10 heures du soir à 5 heures du matin.)

L'article 9 de la loi tchécoslovaque interdit, il est vrai, d'employer pendant ce même temps les mineurs âgés de moins de 18 ans. Il n'admet aucune dérogation. Toutefois, la loi autorise le travail de nuit des ouvriers de sexe masculin âgés de plus de 16 ans.

Pour se conformer à la convention, il faudrait faire reculer l'âge des mineurs admis au travail de nuit, de 16 à 18 ans.

La chose a déjà été proposée dans le troisième point du projet gouvernemental présenté en 1921 à propos de la loi sur la journée de 8 heures (rapport 2060). Ce projet n'aynt pas été voté, une loi spéciale sera nécessaire pour que l'âge des mineurs corresponde à celui fixé par les conven= tions internationales en général, autrement dit, l'âge d'admission dans les ateliers devra être porté de 16 à 18 ans.

Sur les six conventions adoptées à la première conférence internationale du travail, la Tchéco= slovaquie en a déjà ratifié trois: 1. l'importante convention sur la journée de 8 heures, 2. celle sur le travail de nuit des femmes et, 3. celle con= cernant l'âge à partir duquel les enfants sont admis à travailler dans l'industrie.

La III<sup>e</sup> Conférence Internationale du Travail a, ensuite, demandé que le travail de nuit soit interdit dans l'agriculture aux enfants n'ayant pas

atteint l'âge de 14 ans. Légalement et pratique=
ment la Tchécoslovaquie a pleinement répondu
à ce vœu.

Quant aux trois autres conventions sur le
chômage, sur la protection des femmes avant et
après l'accouchement et sur le travail de nuit de
mineurs dans l'industrie, la législation tchécoslo=
vaque les a déjà adoptées dans leur ensemble. Il
suffirait de quelques petites modifications pour
que ces trois conventions, au sujet desquelles un
rapport a déjà été déposé à la Chambre en 1920
(N° 1148), puissent être ratifiées. Alors tout ce
qui a été inscrit au programme de l'importante
conférence du travail de Washington aura été
appliqué et ratifié par la Tchécoslovaquie.

*La deuxième Conférence Internatio=
nale du Travail*

s'est réunie à Gênes en 1920. Elle s'est occupée
de la protection des marins et a adopté trois
conventions, à savoir:

*1° Convention sur l'âge minimum des
enfants employés dans la marine.*

Cette convention interdit d'occuper sur les
navires les enfants âgés de moins de 14 ans. Elle
est absolument conforme à l'article 10 de la loi

tchécoslovaque sur la journée de 8 heures, loi qui, d'une façon générale, interdit le travail rétribué des enfants dans n'importe quelle entreprise et, par conséquent, dans la marine.

### 2° *Convention sur le placement des marins.*

D'après cette convention, le placement des marins doit être effectué uniquement par l'intermédiaire des bureaux de placement officiels. Les règlements tchécoslovaques sont, eux aussi, pleinement d'accord avec cette convention. En effet, étant donnée la situation qu'occupe la Tchécoslovaquie, placer quelqu'un dans la marine équivaut à procurer du travail à l'étranger. Or, d'une part, conformément aux prescriptions pour le placement à l'étranger et en vertu de l'article 8 de la loi sur l'émigration, ce rôle incombe aux bureaux de placement officiels. D'autre part, en raison des usages qui se sont établis dans l'administration des passeports, ce contrôle est, en fait, exercé par les pouvoirs publics.

### 3° *Convention pour dédommager les marins en cas de naufrage.*

La Tchécoslovaquie, Etat continental, n'a pas l'intention d'adhérer à cette convention. Elle a été

invitée à ratifier les conventions N°ˢ 1 et 2 qui
concordent avec notre législation et avec les me=
sures pratiquées en Tchécoslovaquie. Nous avons
répondu, en attendant, qu'en ce qui concernait
les conclusions de Gênes, nous considérions que
seuls nous intéressaient les vœux demandant
une diminution de la durée du travail dans la
navigation intérieure, vœux que nous approu=
vons complètement, car la loi tchécoslovaque
sur le travail concerne également la navigation.
Quant aux conventions de Gênes, il a été con=
venu qu'en raison de la situation du pays et
vu qu'en fait elles ne nous obligeaient à rien,
ces conventions ne seraient pas ratifiées les pre=
mières, même au cas où elles concorderaient par=
faitement avec la législation tchécoslovaque ou
n'y seraient point contraires.

Toutefois, le gouvernement tchécoslovaque
a l'intention, aussitôt que les Etats maritimes au=
ront approuvé ces conventions, de joindre sa ra=
tification à la leur comme preuve de solidarité
internationale.

*La Troisième Conférence internatio=*
*nale du travail*

a eu lieu à Genève, en 1921. Elle s'est surtout
occupée de questions agricoles et a adopté les
sept conventions suivantes:

1° Projet de convention<br>
sur l'âge auquel les enfants peuvent<br>
être admis aux travaux agricoles.

L'article 1 de la convention interdit, tout au début, aux enfants âgés de moins de 14 ans de travailler dans les entreprises agricoles pendant les heures de classe. Il ne fait aucune distinction entre les enfants, salariés ou non. Cette stipulation autorise donc le travail des enfants âgés de moins de 14 ans avant et après les classes. La durée maximum du travail n'est pas fixée et celui-ci n'est interdit ni avant ni aussitôt après les classes ; cependant, la deuxième phrase de l'article signale une restriction. Il y est dit que, même le travail autorisé pour les enfants ne doit pas être fatigant au point de nuire à leur attention pendant la classe. On ne doit donc pas les faire travailler avant ou après les classes de façon à les épuiser.

L'article 2 tient compte des usages dans les différents pays. Il donne aux gouvernements la possibilité de fixer l'époque et les heures d'enseignement de façon à permettre aux enfants âgés de moins de 14 ans de se livrer à des travaux faciles pendant les récoltes. Ainsi, il est permis de donner des vacances à l'époque des fenaisons, des moissons, des vendanges, etc. Néanmoins la

218

durée de l'année scolaire ne peut être inférieure
à huit mois.

La législation tchécoslovaque est pleinement
d'accord avec cette convention, elle va même
parfois plus loin. L'article 10 de la loi du 18 dé=
cembre 1918 (N° 9 du Bulletin des Lois est Dé=
crets) sur la journée de 8 heures stipule — comme
nous l'avons déjà dit — que les entreprises énu=
mérées dans l'art. 1 de cette loi, y compris les entre=
prises agricoles, *ne doivent pas employer comme
salariés des enfants âgés de moins de 14 ans
n'ayant pas terminé leurs études scolaires obli=
gatoires*. La loi sur le travail des enfants, du 17
juillet 1919 (N° 420 du Bulletin des Lois et Dé=
crets), donne de plus amples renseignements sur le
travail non salarié des enfants âgés de moins de
14 ans, et notamment sur le travail des propres en=
fants du patron ou des enfants recueillis par lui et
vivant dans sa famille. L'art. 4 de cette loi, d'après
lequel il n'est permis d'employer les enfants pour
le travail, ou de toute autre façon que dans le cas
où cela ne les gêne pas pour remplir leurs devoirs
d'écolier, répond non seulement à l'article Ier de la
convention, mais va même plus loin. — Il n'auto=
rise le travail ou l'emploi des enfants que dans le
cas où cela ne porte aucunement atteinte à leur
santé morale ou physique et à leur développement
intellectuel. D'après l'article 5 de cette même loi,

il est interdit d'employer à des travaux agricoles les enfants qui n'ont pas 10 ans révolus. Ceux de 10 à 12 ans peuvent se livrer à des travaux faciles.

L'article 5 de la loi sur le travail des enfants correspond à la seconde partie de l'article premier de la convention. D'après cet article de loi, il est interdit, les jours d'école, de faire travailler les enfants pendant plus de deux heures, surtout avant la classe. Après la classe, les enfants ont droit à une heure de repos. Ces stipulations garantissent que le travail des enfants ne nuira pas à leur attention à l'école.

Les clauses de la loi tchécoslovaque sont plus complètes que celles de la convention proposée, car elles limitent le travail des enfants — voir l'art. 5 de la loi sur le travail des enfants — même les jours de congé, pendant lesquels ils ne doivent travailler que 6 heures par jour. De plus, elles interdisent de les faire travailler le dimanche et les jours fériés.

L'article II de la convention permet d'accorder un congé scolaire aux enfants à l'époque des récoltes et de les employer à certains travaux peu fatigants ; par contre, elle ne permet pas de réduire à moins de 8 mois la durée de l'année scolaire. L'art. 11 de la loi du 13 juillet 1922 (N° 226 du B. des L. et D.) n'admet absolument aucune res-

triction à la fréquentation scolaire. Ainsi, l'excep=
tion autorisée par la convention n'a même pas été
admise par la législation tchécoslovaque.

La loi tchécoslovaque étant plus avancée que la
convention en question, le gouvernement a ratifié
cette dernière.

## 2° *Convention sur le droit d'associa=*
*tion et de réunion des ouvriers*
*agricoles.*

Par cette convention, les parties contractantes
s'engagent à accorder aux travailleurs agricoles les
mêmes droits de réunion et d'association qu'aux
ouvriers occupés dans l'industrie et à annuler tou=
tes les prescriptions de loi, ou autres, qui tendent
à restreindre ces droits.

Le droit de réunion et d'association pour les
ouvriers des usines comme pour ceux des champs
est garanti, en Tchécoslovaquie, par la Constitu=
tion elle=même. En effet, d'après l'article 114 :

1. Le droit d'association en vue de protéger et
d'améliorer les conditions de travail et la situation
des ouvriers est garanti.

2. Est interdite, de la part des individus comme
des sociétés, toute atteinte volontaire à ce droit.

En conséquence, la convention ci=dessus a été
ratifiée.

### 3° *Convention sur le repos hebdoma=*
### *daire dans l'industrie*

Le repos hebdomadaire est une conséquence directe, un complément nécessaire du projet de Convention sur la journée de 8 heures et la semaine de 48 heures, projet adopté à la I^re Confé= rence Internationale du Travail tenue à Washing= ton. La Convention demande qu'un repos ininter= rompu d'au moins 24 heures soit, sauf certaines exceptions, accordé tous les sept jours à tous ceux qui travaillent dans l'industrie. Ce repos doit, autant que possible, coïncider avec les jours de fête des divers pays et s'étendre en même temps à tous les travailleurs d'un même établis= sement. La législation tchécoslovaque, à ce point de vue, est beaucoup plus avancée. L'art. 4, N° 1, de la loi du 19 décembre 1918 (N° 91 du B. des L. et D.) sur la journée de 8 heures rappelle que le repos hebdomadaire doit être de 32 heures consécutives. En outre, l'art 5, N° 1, de la même loi établit que le repos en question doit commen= cer, pour les femmes occupées dans les fabriques, au plus tard le samedi à 2 heures de l'après=midi. Quant au repos accordé en même temps à tous les travailleurs d'un même établissement, l'art 11. de la loi du 16 janvier 1895 (N° 21 du Code d'Empire), — loi modifiée par celle du 18 juillet

1905 (N° 125 du même Code) et relative au repos hebdomadaire — prescrit que le repos hebdoma‑ daire doit être — sauf des cas exceptionnels — accordé en même temps à tous les ouvriers d'un même établissement. L'art. 4, N° 2, de la loi sur la journée de 8 heures satisfait au 3ᵉ point de l'article 2 du projet, qui veut que le repos soit fixé un jour de fête suivant les traditions ou les usages du pays. En effet, cet article de loi stipule que l'interruption du travail doit avoir lieu habituel‑ lement dimanche — dans les établissements où cette interruption n'occasionne pas de difficultés tech‑ niques. L'article Iᵉʳ de la loi sur le repos hebdoma‑ daire, d'après lequel tout travail dans les ateliers et les fabriques doit être interrompu le dimanche, sa‑ tisfait également au 3ᵉ point de l'article 2. La Tché‑ coslovaquie a donc ratifié cette convention. Il a été décidé de recommander l'application des mêmes dispositions à propos du repos hebdomadaire dans les entreprises commerciales.

### 4° Convention sur l'usage de la céruse dans l'industrie.

Cette convention interdit, à l'intérieur des maisons, l'usage du blanc de céruse, du sulfate de plomb et de toutes les couleurs blanches con‑ tenant plus de 2°/₀ de plomb pour la peinture des bâtiments, le vernissage, etc. Pour les métiers

où l'emploi de ces matières est autorisé, la con=
vention exige certaines mesures de protection —
et, en particulier, interdit d'employer pour ces
travaux des femmes et des ouvriers âgés de moins
de 18 ans. Sauf certains détails, le règlement
autrichien du 15 avril 1908 (N° 81 du Code
d'Empire) satisfaisait aux stipulations de la con=
vention. Néanmoins, ce règlement n'est en vigueur
ni en Slovaquie ni en Russie Subcarpathique, pays
soumis auparavant à la législation *hongroise*. En
conséquence, ledit règlement, complété par de nou=
velles mesures de protection, a été, à titre de projet
de loi pour toute la Tchécoslovaquie, déposé sur le
bureau du Parlement (N° 4215 des Rapports de la
Chambre, année 1923). Il a été approuvé par la
Commission de prévoyance sociale et voté à l'un=
animité par la Chambre.*) — Depuis, la Tchéco=
slovaquie a également ratifié la convention.

*5° Le Gouvernement n'a pas encore
ratifié le projet de Convention rela=
tive à l'indemnisation des travailleurs
agricoles victimes d'accidents.*

La législation tchécoslovaque ne répond qu'en
partie aux exigences de cette convention. Cette

---

*) Cette loi, en date du 12 juin 1924, N° 137 du B. d. l.
et d., a été provisoirement publiée dans la partie 70 du
Bulletin des lois et décrets du 28 juin 1924.

dernière exige en effet que l'assurance en cas
d'accident soit étendue à *tous les salariés* occupés
dans l'agriculture.

En Tchécoslovaquie, sont soumis à l'assurance
contre les accidents tous les ouvriers et employés
occupés dans l'industrie. Sont exceptés les ouvriers
travaillant dans des entreprises occupant moins
de 20 ouvriers et n'utilisant pas de moteurs.
Parmi les travailleurs occupés dans les entreprises
agricoles ou forestières, n'ont droit à l'assurance
que les ouvriers et employés exposés aux dangers
résultant de l'usage de machines. Pour être
d'accord avec convention la Tchécoslovaquie
devrait donc étendre l'assurance contre les acci=
dents à tous les travailleurs agricoles.

*6° et 7° La Conférence a ensuite
adopté deux Conventions:*

*1° une convention sur l'âge=minimum nécessaire
pour devenir chauffeur à bord d'un navire,*
*2° une convention sur l'examen médical obliga=
toire des enfants et des jeunes personnes em=
ployés à bord des navires.*

Ces deux Conventions, destinées à protéger les
jeunes marins n'ont pas été ratifiées par la Tchéco=
slovaquie, et cela pour les mêmes raisons que
celles déjà exposées à propos des Conventions

adoptées à la II<sup>e</sup> Conférence Internationale du
Travail, tenue à Gênes en 1922.

Les IV<sup>e</sup> et V<sup>e</sup> Conférences Internationales du
Travail, tenues à Genève en 1922 et 1923, n'ont
fait qu'adopter certains vœux sur la statistique
de l'émigration et l'immigration et sur l'inspec=
tion du travail.

Le Bureau de statistique tchécoslovaque sur
l'émigration et l'immigration s'est conformé au
premier de ces vœux. Depuis 1923, la Tchéco=
slovaquie fournit régulièrement des statistiques
au Bureau International du Travail, ainsi que
l'on peut s'en rendre compte par les Rapports
statistiques internationaux, publiés dans la »Re=
vue Internationale du Travail«. D'autre part,
l'inspection du travail pratiquée en Tchécoslova=
quie satisfait, dans les grandes lignes, au second
de ces vœux. Enfin un amendement à la loi sur
l'inspection du travail, amendement actuellement
en discussion à la Chambre — dépasse même,
sous certains rapports, les vœux de la Conférence.

Voici, en résumé, l'état de la législation tchéco=
slovaque en ce qui a trait aux Conventions
adoptées jusqu'à présent par les Conférences
internationales:

1. Jusqu'ici les Conférences ont voté 16 Con=
ventions, dont 6 relatives à la protection des
marins n'intéressent pas la Tchécoslovaquie, Etat

continental. Celui-ci n'a donc à s'occuper que de
10 de ces Conventions.

2. Sur ces 10 Conventions, la Tchécoslovaquie
en a ratifié 7 : d'abord celle de Washington sur
la journée de 8 heures dans l'industrie, puis les
Conventions : sur le travail de nuit des femmes,
sur l'emploi des enfants dans l'industrie, sur
l'emploi des enfants dans l'agriculture, sur le droit
de réunion et d'association de travailleurs agricoles, sur l'usage de la céruse dans la peinture,
et, enfin, sur le repos hebdomadaire dans
l'industrie. La législation tchécoslovaque satisfait
pleinement aux stipulations de ces sept conventions et va même souvent au-delà.

La Tchécoslovaquie a également satisfait aux
vœux de la Conférence de Washington recom-
mandant aux Etats qui ne l'ont pas encore fait,
d'adhérer à la Convention interdisant l'emploi
du phosphore blanc dans la fabrication des allu-
mettes. Il est vrai que si l'Autriche, en son temps,
avait déjà adhéré à cette convention, la Hongrie,
par contre, ne l'avait pas fait, de sorte que la
convention n'aurait pas engagé la Slovaquie et
la Russie Subcarpathique si la Tchécoslovaquie,
de son côté, ne l'avait pas ratifiée.

3. Jusqu'ici la Tchécoslovaquie n'a pas ratifié
les Conventions sur le chômage, sur la protection
des femmes avant et après l'accouchement, sur le

travail de nuit des jeunes ouvriers occupés dans l’industrie, sur les indemnités aux ouvriers agricoles en cas d’accidents. Néanmoins, ces dernières Conventions elles-mêmes n’apporteront rien de spécialement nouveau à la législation tchécoslovaque. Elles ne feront que compléter et améliorer les lois déjà en vigueur. D’ailleurs, le gouvernement tchécoslovaque espère bien être sous peu en mesure de ratifier les trois premières de ces Conventions.

De tout ce qui vient d’être dit, il découle clairement :

*a)* que la façon dont la Tchécoslovaquie procède à la ratification des Conventions est on ne peut plus consciencieuse. L’Etat ne prend des engagements internationaux que le jour où sa législation répond entièrement aux stipulations des Conventions internationales auxquelles il s’agit d’adhérer.

*b)* que la législation tchécoslovaque est parfois très en avance sur les Conventions internationales ;

*c)* que la Tchécoslovaquie tient, autant que possible, en adhérant aux conventions, à transformer en réalités les aspirations internationales.

La Tchécoslovaquie, Etat ayant son plan de réformes sociales bien déterminé, reconnaît comme institution utile et nécessaire l’»Organisation Internationale du Travail«. Cette organisation, pour la réalisation de ses buts, peut toujours compter sur le concours de notre pays.

# LE MOUVEMENT SYNDICAL EN TCHÉCOSLOVAQUIE.

Par *Josef Bilý*.

Le mouvement syndical en Tchécoslovaquie n'a pas encore — vu le peu de temps qui s'est écoulé depuis la naissance de l'Etat tchécoslovaque — trouvé la possibilité de se consolider. Ce mouve=ment souffre d'un manque d'unité, dû en général non pas à des divergences de doctrine, mais plutôt à des différences d'organisation, ainsi que d'ordre politique ou ethnique. La libération de la Tchéco=slovaquie a eu pour conséquence que les organi=sations syndicales, groupées dans la *fédération syndicale tchécoslovaque*, sont actuellement repré=sentées dans l'Internationale d'Amsterdam, tandis que ce n'est pas le cas des organisations allemandes de Tchécoslovaquie, issues des anciennes Fédéra=tions syndicales autrichiennes, qui elles, cela va sans dire, y étaient représentées.

La réunion de la Slovaquie aux pays de l'an=cienne couronne de Bohême a fait naître et se déve=lopper des groupements syndicaux dits »chrétiens=sociaux«, et la constitution d'une nouvelle admi=nistration a déterminé la naissance et le regroupe=

ment des organisations de fonctionnaires. Certains de ces groupements syndicaux ne reposent guère sur de longues traditions. Aussi serait-il inexact d'affirmer que la constitution actuelle des fédéra=tions syndicales soit définitive. Les négociations, ayant pour but de modifier la forme de leur orga=nisation, qui ont été entamées entre la Fédération syndicale tchécoslovaque et la Fédération syndi=cale allemande (de Tchécoslovaquie), ayant son siège à Liberec (Reichenberg), en sont une preuve. La collaboration très étroite existant entre ces deux fédérations et les organisations groupées dans l'Union ouvrière tchécoslovaque (qui est l'un des deux plus puissants centres syndicaux d'ouvriers tchécoslovaques, non representé auprès de l'Inter=nationale syndicale) l'atteste également.

Le tableau à la page suivante, dressé sur la base des chiffres fournis par l'enquête officielle menée à la fin de l'année 1922, présente une vue générale de la situation du mouvement syndical en Tchéco=slovaquie. Les résultats de ladite enquête ont été publiés dans le Bulletin du Bureau officiel de Sta=tistique (Année 1924, N°⁵ 3, 4 et 5).

En Tchécoslovaquie il y avait, à la fin de 1922, 11 confédérations de syndicats professionnelles d'employés et ouvriers au total, dont 7 de langue tchèque et 4 de langue allemande. Ces confédé=rations réunissaient 348 associations syndicales

dont 268 de langue tchèque et 80 de langue alle=
mande. En outre, 116 associations syndicales de
langue tchèque et 27 de langue allemande, soit
143 au total, n'appartenaient à aucune confédéra=
tion. En tout, il existait 491 formations syndicales.

| Confédérations de langue tchèque | Nombre des syndicats | Nombre des membres | Chiffre indiquant le rapport du nombre des membres des diff. fédé= rations au nombre total des ouvriers syndiqués | Nombre des revues et publications syndicales |
|---|---|---|---|---|
| | | à la fin de l'année 1922 | | |
| 1° Odborové Sdružení Česko= slovenské [Fédération des syn- dicats tchécoslovaques du parti social=démocrate] . . . . . | 53 | 404.984 | 23·84 | 61 |
| 2° Československá Obec Děl= nická [Centrale des syndicats na= tionaux=sociaux tchécoslovaques] | 59 | 287.431 | 16·92 | 42 |
| 3° Říšská všeodborová komise křesť. soc. dělnictva [Centrale syndicale des ouvriers chrétiens= sociaux tchécoslovaques] . . . | 20 | 113.426 | 6·68 | 6 |
| 4° Odborové Ústředí »Česko= slovenský svaz úřednických a zřízeneckých organisací« [Fédé= ration centrale des associations de fonctionnaires et employés tchécoslovaques] . . . . . | 65 | 108.461 | 6·39 | 23 |
| 5° Mezinárodní Všeodb. Svaz [Fédération internationale cen- trale des ouvriers communistes | 10 | 89.941 | 5·29 | 7 |

| Confédérations de langue tchèque | Nombre des syndicats | Nombre des membres | Chiffre indiquant le rapport du nombre des membres des diff. fédérations au nombre total des ouvriers syndiqués | Nombre des revues et publications syndicales |
|---|---|---|---|---|
| | | à la fin de l'année 1922 | | |
| 6° Ústřední svaz čs. veřejných úředníků s vysokoškol. vzděláním, profesorů a soudců [Fédération centrale des fonctionnaires ayant accompli des études universitaires et similaires, professeurs et magistrats] . . . . . | 20 | 10.241 | 0·60 | 8 |
| 7° Národní sdružení odborových organisací [Association Nationale des organisations professionnelles du parti national-démocrate] *) . . . . . . . . . | 15 | 2.794 | 0·16 | 1 |
| 8° Formations syndicales tchèques n'appartenant à aucune confédération . . . . . . . | 116 | 290.385 | 17·10 | 66 |
| *Associations syndicales de langue tchèque* . . . . . . | 354 | 1,307.663 | 6·98 | 214 |

*) Suivant une rectification parrue dans le Bulletin du Bureau officiel de Statistique, les Fédérations groupées dans la *Fédération syndicale nationale* étaient au nombre de 41, comprenant 17.080 membres, de sorte que l'importance proportionnelle de cette dernière est de 1·00. Il a été tenu compte de cette rectification dans les chiffres absolus qui suivent.

| Confédérations de langue allemande | Nombre des syndicats | Nombre des membres à la fin de l'année 1922 | Chiffre indiquant le rapport du nombre des membres des diff. fédérations au nombre total des ouvriers syndiqués | Nombre des revues et publications syndicales |
|---|---|---|---|---|
| 9° Deutscher Gewerkschaftsbund in der Čechoslovakei [Fédération des syndicats allemands de Tchécoslovaquie] . . . . | 24 | 291.269 | 17'15 | 24 |
| 10° Reichsvereinigung der deutsch. Gewerkschaften [Association des syndicats allemands de Tchécoslovaquie] . . . . | 22 | 43.112 | 2'54 | 11 |
| 11° Verband der christlichen Gewerkschaften f. d. Gebiet des Čechoslovakischen Staates [Association des syndicats chrétiens allemands] . . . . . . . . | 13 | 12.620 | 0'74 | 4 |
| 12° Verband der deutschen Staatsangestellten = Vereinigungen i. d. ČSR. [Fédération des associations allemandes de fonctionnaires et employés de l'État] | 21 | 12.336 | 0'73 | 14 |
| 13° Formations syndicales allemandes n'appartenant à aucune confédération . . . . . | 27 | 31.648 | 1'86 | 6 |
| *Associations syndicales de langue allemande* . . . . . | 107 | 390.985 | 23'02 | 59 |
| *République tchécoslovaque, total* | 465 | 1,698.648 | 100'00 | 273 |

Quatre grands groupements syndicaux ont exercé leur influence sur l'évolution des conditions sociales et économiques des ouvriers et employés, dans la mesure où cette situation est réglée par l'Etat. Ce sont: l' *Odborové sdružení československé (Fédération syndicale tchécoslovaque)*, la *Česká obec dělnická (Union ouvrière tchécoslovaque), Deutscher Gewerkschaftsbund (Fédération des syndicats allemands de Tchécoslovaquie)* et, depuis quelque temps, la *Říšská všeodborová komise křesť. sociálního dělnictva (Fédération syndicale des ouvriers chrétiens-sociaux)*. Ces quatre groupements sont les plus importants du pays par le nombre de leurs membres; ils exercent une influence politique qui est loin d'être négligeable. Les intérêts des ouvriers et employés groupés dans l'*Odborové sdružení československé* sont représentés dans les corps législatifs par des députés appartenant pour la plupart au parti social-démocrate. La *Česká obec dělnická* se trouve en relation étroite avec le parti des socialistes tchécoslovaques (ancien parti socialiste national). Le *Deutscher Gewerkschaftsbund* s'appuie sur le groupe parlementaire du parti social-démocrate allemand, tandis que la *Říšská všeodborová komise křesť sociální* est défendue au Parlement par les députés chrétiens-sociaux. Quant au groupement indiqué au N° 4 du tableau ci-dessus (Fédération syndicale

des fonctionnaires et employés tchécoslovaques),
il ne peut faire valoir son influence d'une façon
sensible, malgré le chiffre assez élevé de ses mem=
bres, étant donné qu'il se compose pour la plupart
de fonctionnaires et d'employés de l'Etat. Le *Mezi=
národní Všeodborový Svaz* (Fédération syndicale
communiste) figurant au N° 5 du tableau ci=des=
sus est représenté dans l'Internationale Syndicale
Communiste de Moscou ; ses membres se recru=
tent en grande partie parmi les anciens membres
de l'*Odborové sdružení československé*. Groupant
tous les ouvriers sans distinction de professions
— forme d'organisation qui est presque générale=
ment abandonnée aujourd'hui, vu qu'elle a été
fort combattue par les membres eux=mêmes de ce
groupement — il est probable qu'elle n'aura pas
une longue existence.

Le nombre total des membres, savoir 1,712.934,
se répartissait comme suit : 1,031.564 membres
reviennent aux confédérations de langue tchèque,
359.337 aux confédérations de langue allemande.
Les ssociations syndicales qui n'appartenaient
à aucune confédération, en comptaient 322.033,
soit 18·96%, dont 290.385, soit 17·10%, de langue
tchèque et 31.648, soit 1·86%, de langue alle=
mande.

En 1922, le nombre de membres, comparé
à celui de 1921, a considérablement diminué,

à savoir de 292.501, soit d'environ de 15°/₀. Les causes de cette diminution sont au nombre de deux: c'est, d'une part, la conséquence de la situation économique et, d'autre part, le concours de circonstances diverses qui ont exercé une influence défavor⁻ble sur le mouvement syndical.

Si nous groupons, d'après la désignation de chacune, les associations et formations syndicales analogues en associations et formations syndicales d'ouvriers et de fonctionnaires (employés), nous obtenons les chiffres suivants:

123 associations ouvrières de langue tchèque comptaient 766.537 membres, 34 associations ouvrières de langue allemande, 253.963 membres. Le nombre des associations des fonctionnaires et employés de langue tchèque s'élevait à 235 avec 541.126 membres; les associations des fonctionnaires et employés de langue allemande à 73 avec 137.022 membres.

Une formation syndicale ouvrière de langue tchécoslovaque comptait, en 1922, en moyenne 6.232 membres (en 1921, 8,627), une formation de langue allemande, 7.470 (9.628); une formation syndicale des fonctionnaires et employés de langue tchèque accusait, en 1922, la moyenne de 2.303 (2.621) membres, une formation de langue allemande, la moyenne de 1.877 (1.974). Tandis que le nombre des membres de toutes les for-

mations syndicales ouvrières a, en comparaison
à 1921, diminué de 291.357, soit de 22·2%, celui
des formations syndicales des fonctionnaires et
employés s'est accru de 13.082, soit de 2%.

Le nombre total des journaux professionnels
paraissant en Tchécoslovaquie était, à la fin de
1922, de 273. Le tirage de tous les journaux pro=
fessionnels s'élevait à 1,648.492 exemplaires. Sur
ces journaux il y avait 22 hebdomadaires, avec
422.638 exemplaires, 105 bimensuels avec 701.196,
107 mensuels avec 351.340 exemplaires, et 39
journaux avec le tirage total de 171.818 exem=
plaires paraissaient à des dates irréguliers.

Il nous reste encore de dire quelques mots sur
les syndicats des travailleurs intellectuels. Le ta=
bleau suivant représente le nombre des personnes
salariées (à l'exception des ouvriers) et le nombre
des formations syndicales auxquelles ces personnes
adhèrent; il comprend et les confédérations syn=
dicales et les formations syndicales n'appartenant
à aucune confédération syndicale existante.

| Confédérations de langue tchèque | Fédérations | Membres | Journaux |
|---|---|---|---|
| 1º Odborové Sdružení Českoslo=venské [Fédération des syndicats tchécoslovaques] . . . . . . . | 19 | 108.649 | 20 |
| 2º Československá Obec Dělnická [Centrale des syndicats nationaux=sociaux tchécoslovaques] . . . . | 25 | 121.848 | 18 |

| | Fédérations | Membres | Journaux |
|---|---|---|---|
| 3° Říšská všeodborová komise křesť. soc. dělnictva [Centrale syndicale des ouvriers chrétiens-sociaux tchécoslovaques] . . . . . . . | 3 | 2.605 | 2 |
| 4° Odborové ústředí [Fédération centrale des associations des fonctionnaires et employés tchécoslovaques] . . . . . . . . . . . | 65 | 108.461 | 23 |
| 5° Ústřední svaz čs. veř. úředníků, profesorů a soudců [Fédération centrale des fonctionnaires tchécoslovaques diplômés d'une école supérieure, des professeurs et des magistrats] . . . . . . . . . | 20 | 10.241 | 8 |
| 6° Národní sdružení odborových organisací [Association Nationale des organisations professionnelles] | 3 | 792 | — |
| 7° Formations syndicales n'appartenant à aucune confédération . . | 100 | 188.530 | 54 |
| *Associations syndicales de langue tchèque* . . . . . . . . . . . | 235 | 541.125 | 125 |



| | Fédérations | Membres | Journaux |
|---|---|---|---|
| 8° Deutscher Gewerkschaftsbund [Fédération des syndicats allemands de Tchécoslovaquie] . . . . . | 9 | 68.317 | 7 |
| 9° Reichsvereinigung der deutschen Gewerkschaften [Association des syndicats allemands de Tchécoslovaquie] . . . . . . . . . | 19 | 36.743 | 9 |
| 10° Verband der christlichen Gewerkschaften [Association des syndicats chrétiens allemands] . . . | 2 | 632 | 1 |

| Confédérations de langue allemande | Fédérations | Membres | Journaux |
|---|---|---|---|
| 11º Verband der deutsch. Staats=angestellten=Vereinigungen [Fédé=ration des associations allemandes des fonctionnaires et employés de l'État] . . . . . . . . . . . | 21 | 12.336 | 14 |
| 12º Formations syndicales n'ap=partenant à aucune confédération . | 22 | 18.994 | 6 |
| *Associations syndicales de langue allemande* . . . . . . . . . . | 73 | 137.022 | 37 |
| *République Tchécoslovaque, total* | 308 | 678.148 | 162 |

# L'INSTITUT
# SOCIAL DE LA RÉPUBLIQUE
# TCHÉCOSLOVAQUE.

Par *Aug. Žalud.*

L'institut tchécoslovaque d'études sociales a été fondé en 1920 lorsque, après mûre délibération, M. Léon Winter, alors ministre de la Prévoyance sociale, eut approuvé, le 6 avril, les statuts élaborés par le comité d'initiative. Ce comité comprenait les personnalités suivantes: MM. Edouard Beneš, Charles Engliš, J. Gruber, L. Haškovec, J. Lukáš, Mlle A. Masaryk, M. J. Picek, J. Soušek, St. Špaček, E. Štern, R. Tayerle, R. Teltšík, J. Tomas et A. Tůma.

L'institut d'études sociales est donc de fondation relativement récente. De plus il constitue une innovation en Tchécoslovaquie. Ceci ne veut par dire cependant qu'il ne repose sur aucune tradition. L'idée de créer en Bohême une pareille institution est vieille de plus de 20 ans, elle date de l'époque où le mouvement ouvrier tchèque a commencé à acquérir de l'influence politique et préoccuper l'opinion publique.

Lors de l'exposition ouvrière de 1902, il était

déjà question de fonder un Musée social. Avant la guerre, l'idée fut plus d'une fois reprise par un certain nombre de spécialistes des questions sociales (MM. G. Čadek, J. Tomas, Hájek et quelques autres). Ceux-ci envisageaient d'ailleurs, dans leurs discours et leurs écrits, la fondation d'un *institut d'études* et non pas seulement la création d'un musée.

Malheureusement à cette époque, la nation tchèque, assujettie à la domination des Habsbourg ne pouvait, pour ses besoins intellectuels obtenir le concours de l'Etat. Elle était obligée de compter, dans une large mesure sur l'aide d'associations privées et sur la bienfaisance nationale. Celle-ci cependant avait à s'occuper de tant d'oeuvres importantes que malgré tous les efforts et tous les sacrifices du peuple tchèque, elle ne pouvait suffire à sa tâche. Il est bon de rappeler par exemple, que c'est grâce à une souscription publique qu'on a pu, à cette époque, édifier un Théâtre national, construire et entretenir le Musée National, le Musée ethnographique tchécoslovaque, le Musée industriel (Musée Náprstek), etc. C'est également grâce à des collectes qu'on est parvenu à subvenir à l'entretien d'un grand nombre d'écoles primaires et secondaires et qu'on a pu songer à créer une seconde Université tchèque. C'est dans les mêmes conditions que fut fondée par des étudiants la



16

modeste institution qui devait donner naissance
à l'Institut d'Etudes sociales.

Ces étudiants, qui ne disposaient que de faibles
ressources, lui donnèrent le nom de »*Section de
sociologie*«. Dirigée par M. Edouard Beneš, alors
chargé de cours à l'Université tchèque de Prague,
et par M<sup>lle</sup> Alice Masaryk, docteur ès=lettres, son
but était, en quelque sorte, de remplir le rôle d'un
»séminaire de sociologie« dont l'Université tchè=
que de Prague manquait à cette époque. D'autre
part, elle devait être le noyau de ce qui, dans la
suite, était appelé à devenir la *Société scientifique
tchèque de sociologie*.

Ceci se passait dans les dernières années d'avant=
guerre. Les hostilités interrompirent l'activité,
pleine de promesses, de la Section de sociologie;
cependant on n'abandonna pas l'idée de fonder
un institut pour l'étude et le développement des
sciences sociales. Aussitôt que la situation le per=
mit, le projet fut repris et cette fois réalisé.

L'un des pionniers les plus actifs, après la libé=
ration nationale, de l'Institut d'Etudes sociales,
M. E. Štern, eut le bonheur de trouver auprès du
ministre de la Prévoyance sociale, qui était alors
M. L. Winter, un précieux appui et il réussit à
faire aboutir le projet. C'est du reste M. Štern
qui, le premier traça le programme de l'Institut.
Son projet, qui déterminait les méthodes de tra=

vail à employer, a été publié dans le premier nu=
méro du bulletin officiel du Ministère de la Pré=
voyance sociale, la *Sociálni Revue.*

Les statuts qui régissent actuellement sont, en
somme, ceux que préconisait ce projet. Le rôle
de cet établissement est d'organiser, de façon mé=
thodique, l'étude des sciences sociales ainsi que
de la politique sociale en Tchécoslovaquie. Les
statuts assignent à l'Institut les tâches suivantes :
1° Recueillir toutes informations statistiques ; 2°
Etudier les sciences sociales, notamment les ques=
tions intéressant la politique sociale ; 3° Déve=
lopper la connaissance de ces sciences.

Les moyens dont dispose l'Institut sont les
suivants : 1° Bibliothèque de livres et périodiques
spéciaux, avec salle de lecture ; 2° Bibliographie
d'ouvrages de sociologie et de politique sociale ;
3° Archives et Musée social ; 4° Statistiques, en=
quêtes, etc. ; 5° Réunions des membres de l'Ins=
titut ; 6° Publication de rapports, de brochures,
de prospectus et avis ; organisation d'expositions ;
7° Organisation de concours publics dotés de prix ;
8° Voyages d'études, relations avec les institutions
analogues et les spécialistes de l'étranger ; 9° Publi=
cation de préavis et de propositions, organisation
de conférences et de consultations à l'usage des
travailleurs, des associations et des institutions
sociales.

L'institut d'études sociales est donc chargé de recueillir et de classer les matériaux utiles à l'étude des sciences sociales. Il doit fournir aux spécialis= tes tout ce dont ils ont besoin pour leur travail, servir de trait d'union entre ceux qui, en tchéco= slovaquie, s'intéressent aux questions sociales, préparer leur travail commun et exercer son in= fluence sur l'activité du Ministère de la Prévoy= ance sociale. Enfin, il doit éduquer l'ensemble du public et se faire le propagateur du progrès en matière de politique sociale.

Toutefois — en raison du peu de temps écoulé depuis fondation et des ressources insuffisantes dont il a disposées à ses débuts — l'Institut n'a pu jusqu'ici remplir toutes ces tâches bien que ses membres aient à leur disposition la bibliothè= que spéciale, relativement riche, du Ministère de la Prévoyance sociale. Cette bibliothèque compte déjà 7.100 ouvrages, avec 13.000 volumes environ. Les ouvrages sur la politique sociale, la sociologie et la littérature socialiste y sont particulièrement nombreux. Une salle de lecture est rattachée à la bi= bliothèque. On y trouve 300 journaux et périodi= ques ainsi que les revues spéciales qu'on chercherait vainement ailleurs à Prague. On y compte 27 jour= naux français, 15 anglais, 6 italiens, 2 espagnols, 1 roumain, 3 serbes et croates, 9 polonais, 50 alle= mands, 1 suédois, 1 finlandais et 1 norvégien.

Quant aux *Archives Sociales*, leur but est de :
1° Classer les matériaux recueillis, surtout en matière de législation, dans la mesure où il s'agit de documents d'intérêt général et durable. 2° Classer les dossiers qui, lors des triages périodiques ne sont plus d'usage courant, parce qu'ils ne correspondent plus aux besoins de l'époque, mais qui néanmoins possèdent une certaine valeur intrinsèque et peuvent être utilisés pour l'étude de l'organisation et de la législation sociales en Tchécoslovaquie ; recueillir les anciennes archives autrichiennes et hongroises ayant trait à la prévoyance sociale et au mouvement ouvrier dans régions constituant aujourd'hui la Tchécoslovaquie. Ces archives, en vertu des clauses des traités de paix, doivent être remises au gouvernement tchécoslovaque. Toutes celles qui ne seront pas utilisées par les services officiels ou par le Ministère de la Prévoyance sociale seront déposées aux *Archives Sociales*. Au cas où l'Institut ne pourra pas se procurer l'original de ces dossiers — en les faisant venir de Vienne ou de Budapest — il en fera faire des copies dans la limite des crédits prévus par le budget.

4° Recueillir ou faire prendre des copies de documents non officiels mais présentant de l'intérêt pour l'histoire de la prévoyane sociale et du mouvement ouvrier en Tchécoslovaquie ; il

s'agit notamment de procès-verbaux de pièces
concernant les conflits et les contrats de salaires
aussi que les contrats collectifs, de questionnaires
au sujet des grèves et des lock-out, de protocoles
et pièces importantes tirées des archives ou émanant d'organisations ouvrières, syndicales et politiques, de documents privés sur l'organisation de
la bienfaisance, de correspondances, de photogra-
phies, etc. de personnalités qui se sont signalées,
dans l'étude des questions sociales, qui ont pris
part au mouvement ouvrier en Tchécoslovaquie.
Les *Archives Sociales*, ont dû se borner pour
l'instant à dresser une liste des ouvrages mentionnés au précédent paragraphe. M. Zd. V. Tobolka
a fait, d'autre part, un voyage d'études à Vienne.
Il a choisi dans les archives autrichiennes un certain nombre de documents dont il a demandé
communication et fait faire des copies. En outre
on a demandé à certaines usines existant dans la
première moitié du siècle dernier, de remettre
aux »Archives Sociales« les dossiers ayant trait
à la vie ouvrière et aux conditions de travail
(règlements d'usine, livrets de travail, statuts des
caisses d'assurance en cas de maladies, etc.). Enfin
on a acquis des documents (correspondances,
manuscrits, etc.) sur certaines personnalités ayant
joué un rôle important dans le mouvement ouvrier tchèque.

Quant au *Musée Social,* on n'a fait jusqu'ici que fixer son programme. Le nouvel immeuble du Ministère de la Prévoyance sociale comprendra des locaux pour ce musée. Déjà on a recueilli des matérieux et des collections importants. Le »Musée Social« comprendra surtout des graphiques et des cartes, qui jusqu'ici n'ont pu être définitivement dressées parce que le musée ne dispose pas des locaux nécessaires. Le musée contiendra tous les documents qui peuvent aider à se faire une idée de l'histoire sociale des pays qui aujourd'hui constituent la Tchécoslovaquie, et ceci depuis le début de l'industrialisation de la Bohême, c'est-à-dire depuis le début du XIXᵉ siècle. Une attention spéciale sera consacrée à la vie ouvrière envisagée sous tous ses aspects, ainsi qu'à la politique sociale pratiquée en Tchécoslovaquie. Le Musée Social comprendra les sections suivantes : 1° Section de démographie qui donnera, à l'aide, de graphiques et de statistiques, une idée de la population ouvrière tchécoslovaque, de celle des villes notamment, de sa proportion par rapport à l'ensemble de la population, des différentes nationalités qui la composent, des conditions de vie dans les grandes villes et les centres industriels, répartition des nationalités, mouvement et densité de la population, proportion des sexes, mortalité et maladies, crimes, suicides, enfants naturels, etc. 2° Une sec-

tion donnant un aperçu général de la vie des ou=
vriers : a) du point de vue matériel: logements,
conditions de travail, salaires dans l'industrie à
domicile et dans les usines, coopératives de con=
sommation et de production ; b) du point de vue
intellectuel : mouvement ouvrier, syndicalisme,
instruction et progrès (antialcoolisme, éducation
physique, sports). 3° Une section dans laquelle on
indiquera l'état actuel ainsi qu'un historique de
l'assistance publique : a) protection des personnes
incapables de subvenir à leur subsistance, assis=
tance aux invalides et aux indigents ; mesures et
organisations de secours officielles et privées
(bienfaisance) ; b)assurances sociales non obliga=
toires (caisses d'assurances ouvrières ou de secours
mutuels) et obligatoires : assurances en cas de ma=
ladies, d'accidents de vieillesse ou d'invalidité ; c)
protection du travail, mesures d'hygiène et de sécu=
rité ; d) encouragements à l'industrie du bâtiment
(coopératives ouvrières de construction et d'habi=
tations, maisons ouvrières construites par les entre=
prises industrielles, maisons de rapport apparte=
nant aux communes, baraquements); e) mesures
d'hygiène contre la tuberculose et autres maladies.

Toutes ces sections fourniront autant que pos=
sible, un tableau non seulement de l'état actuel,
mais, encore et surtout des progrès accomplis dans
chacun des domaines considérés.

Cependant l'Institut d'études sociales ne s'est pas contenté de fournir à ses membres et au spé=cialistes tchèques la documentation nécessaire pour leurs travaux scientifiques. Il a étudié lui=même certaines questions et, le cas échéant, a présenté au public le résultat de ses recherches. Dans ce but, il a organisé des conférences, où ont été discutées toutes les questions sociales, qui en Tchécoslovaquie exigeaient d'urgence une so=lution. Nous voulons parler principalement des conseils d'entreprise, des bureaux de placement, de la participation des ouvriers à l'administration et aux bénéfices des entreprises, de la nationalisa=tion des Compagnies d'assurance, du contrôle de l'industrie, du salaire familial, des statistiques sur le travail, de la crise des logements, etc. Il n'est pour ainsi dire aucune question sociale de quelque importance sur laquelle l'Institut n'ait fait con=naître son avis.

En outre, grâce à ses conférences, l'Institut a mis le public tchèque au courant de l'organisation internationale du travail, a publié des rapports sur toutes les conférences internationales du tra=vail ainsi que sur l'activité du Bureau Internatio=nal de Genève. Lors de la première et de la se=conde conférence internationale, deux rapports, ont été faits par M. J. Soušek, dont l'un public et l'autre reservé aux membres de l'Institut. M.

Fr. Hodač a présenté un rapport sur la constitu=
tion du Bureau International du Travail et M.
Soušek a montré dans quelle mesure la législation
tchécoslovaque a appliqué les résolutions votées
à la Conférence de Washington. M. E. Štern a fait
des rapports sur la troisième, quatrième et cin=
quième conférences internationales du travail et
M. R. Teltšik sur l'organisation du Bureau Inter=
national du travail. M. J. Pokorný, ingénieur, a
parlé de l'inspection du travail dans l'industrie,
question qui a été traitée à la V<sup>e</sup> Conférence inter=
nationale du travail, tandis que MM. Gustav Reif
et J. Janko ont fait un rapport sur la Conférence
internationale de statistique, tenue à Genève en
1923. Tous ces rapports ont paru dans la *Sociální
Revue*, dans la *Zahraniční Politika* ou dans le
*Bulletin du Bureau officiel de Statistique*.

L'Institut d'études sociales a également fourni
des informations au Bureau International du Tra=
vail: rapports de MM. Šamberger et Kašpárek,
professeurs à l'Université de Prague, sur certaines
maladies contractées dans les usines, du prof.
Procházka, sur les occupations des ouvriers pen=
dant leurs loisirs. M. J. Janko, d'autre part, écrit
une étude touchant la question des allocations
pour charge de famille payées en Tchécoslova=
quie en sus des salaires.

En outre l'Institut a eu à maintes reprises à ex=

primer son avis aussi bien à l'étranger (ainsi, sur l'état des études sociologiques en Tchécoslovaquie, avec une liste des journaux traitant de sociologie et d'économie sociale), que dans le pays même (par exemple, au Bureau de Statistique au sujet de ses projets relatifs à l'organisation de la statistique des accidents de travail).

Les conférences organisées par l'Institut d'études sociales lui ont permis de nouer des relations avec l'étranger. A ce propos, il y a lieu de mentionner les conférences par lesquelles il a fait connaître au public initié tchèque un certain nombre de personnalités éminentes s'occupant de questions sociales à l'étranger. Ce sont notamment : MM. Albert Thomas, directeur du Bureau International du Travail, L. Vorlèze, professeur d'Université, M. E. Máhaim, professeur d'Université, président de *l'Association Internationale pour la lutte contre le chômage*, Charles Gide, professeur au Collège de France, Etienne Bauer, professeur d'Université, M. J. Michelse, professeur d'Université, secrétaire général de *l'Association Internationale pour la protection légale des chômeurs*, Miss Julie Lathrop, MM. Sherwood Eddy, chef du département de la protection de l'enfance au Ministère du travail de Washington, L. Heyde, professeur d'Université, rédacteur en chef de la *Soziale Praxis*.

L'Institut a jusqu'ici fait paraître 10 petites pu=
blications. Elles traitent de la réglementation et
de l'unification internationale des rapports des
inspecteurs du travail, de la question des loge=
ments en Tchécoslovaquie (tableaux statistiques),
de la loi sur le travail à domicile, des assurances
sociales en Tchécoslovaquie, de la loi sur les con=
seils d'entreprise et son application, des contrats
collectifs, etc. En dehors de ces publications, l'Ins=
titut d'Etudes Sociales publie un périodique (pa=
raissant 6 fois par an, intitulé *Sociální Revue*, dirigé
par M. Aug. Žalud, second secrétaire de l'Institut.
On y publie, en dehors d'études sur la sociologie
et sur l'économie sociale — ainsi qu'on l'a vu plus
haut — des rapports réguliers sur l'organisation
internationale du travail, sur la législation sociale
à l'étranger et, enfin, toutes les lois sociales tchéco=
slovaques au fur et à mesure qu'elles sont édictées.
L'Institut distribue également des prix de con=
cours (ainsi, pour un ouvrage sur les contrats col=
lectifs) et accorde régulièrement, chaque année,
des rémunérations spéciales à de jeunes hommes
de lettres, dont les travaux, portant sur un do=
maine quelconque des sciences sociales, ont paru
dans la Sociální Revue. L'Institut entretient des
relations régulières et procède à des échanges de
journaux avec les organisations similaires de l'é=
tranger (76 institutions et journaux). En outre,

il a adhéré, pour la Tchécoslovaquie, à *l'Association Internationale pour la protection des salariés*
et à *l'Association internationale pour la lutte
contre le chômage*. Les comités exécutifs de ces
deux institutions comprennent un représentant de
l'Institut tchécoslovaque d'Etudes Sociales, M. E.
Štern, son premier secrétaire. De plus, l'Institut a
eu l'honneur de préparer et d'organiser le présent
*Congrès International de Politique Sociale*, qu'il
a, avec l'approbation du gouvernement, insisté à
tenir ses assises à Prague, lors de l'Assemblée Générale de *l'Association Internationale pour la protection légale des ouvriers*, en 1923.

Les membres de l'Institut, dont le nombre est
fixé à 90 membres actifs et 120 membres correspondants, sont, pour les deux tiers, désignés par
le ministre de la Prévoyance sociale, sur la proposition de la direction de l'Institut, et nommés pour
un tiers par cette dernière elle-même. En font partie
aussi bien les théoriciens que les praticiens spécia-
lisés dans l'étude des questions sociales. Ils se rec-
rutent aussi bien parmi les employeurs que parmi
les ouvriers et employés, directement intéressés au
progrès social. Actuellement l'Institut compte 89
membres actifs et 20 membres correspondants.
La direction comprend un président, nommé par
le ministre de la Prévoyance sociale pour une
durée de trois ans — c'est actuellement M. Gruber,

professeur à l'Université de Prague — plus un vice=
président, M. L. Winter, député ; un premier secré=
taire M. E. Štern ; un second secrétaire M. Aug.
Žalud ; ainsi que les membres suivants : MM. J.
Brablec, Ant. Čuřík — député, F. Hodač, profes=
seur, B. Laube, député, J. Macek — professeur,
M^lle Alice Masaryk, MM. Jindř. Bauchberg —
professeur à l'Université de Prague, Jak. Souček,
J. Synáček. Les présidents des différentes sections
de l'Institut sont MM. B. Foustka, professeur à
l'Université de Prague, L. Haškovec — professeur
à l'Université de Prague, Ferd. Jirásek, sénateur,
E. Svoboda, professeur à l'Université de Prague
et B. Tayerle, député.

---

# BIBLIOGRAPHIE

# BIBLIOGRAPHIE.

—

Cette bibliographie n'a pas la prétention d'être complète. Elle donne une liste d'ouvrages importants publiés sur la législation sociale tchécoslovaque, ouvrages parus sous forme de volumes ou de monographies. Ceux que telle ou telle question intéresse particulièrement trouveront le plus souvent dans les ouvrages mentionnés des indications bibliographiques complémentaires.

### Texte des lois sociales tchécoslovaques.

Les lois sociales — comme d'ailleurs toutes les lois tchécoslovaques — sont publiées dans leur texte tchèque original dans le *Recueil des lois et décrets de l'Etat tchécoslovaque* et, traduites en allemand, dans le recueil officiel *Sammlung der Gesetze und Verordnungen des Čechoslovakischen Staates*. Ces lois paraissent également en tchèque, dans la *Sociální Revue*, bulletin officiel du Ministère de la Prévoyance Sociale et en allemand dans l'*Amtsblatt des Ministeriums für soziale Fürsorge*. Enfin, elles sont publiées en français, à Genève, dans la *Série législative* du Bureau International du Travail:

Loi du 12 décembre 1919 tendant à la réglementation des conditions de travail et de salaire dans le travail à domicile. — 1920. Tchécoslovaquie 1.

Loi du 17 juillet 1919 sur le Travail des enfants. — 1920. Tch. 2, Tch. (Erratum.)

Loi du 25 février 1920 sur les Conseils d'entreprises et les Conseils de districts dans l'industrie minière — 1920. Tch. 3—5.

Loi du 25 février 1920 relative à la participation des mineurs à l'administration des mines et à leur participation aux bénéfices nets. — 1920. Tch. 6.

Loi du 25 février 1920 sur les tribunaux d'arbitrage des mines. — 1920. Tch. 7.

Loi du 7 avril 1920 relative à la réglementation des relations internationales en matière d'assurances sociales. — 1920. Tch. 8.

Loi du 11 mars 1921 sur l'encouragement de la construction. — 1921. Tch. 1.

Loi du 1er avril 1921 portant modification aux dispositions de l'article 1154 $b$ du Code civil. — 1921. Tch. 2.

Loi du 1er juillet 1921, relative à l'institution d'un congé annuel payé pour les ouvriers engagés dans l'exploitation des gisements minéraux réservés. 1921. Tch. 3.

Loi du 12 août 1921 sur les Comités d'entreprise. — 1921. Tch. 4.

Loi du 19 juillet 1921 relative au supplément d'Etat au secours de chômage. — 1921. Tch. 5.

Loi du 12 août 1921 interdisant la coercition et garantissant le droit de réunion. — 1921. Tch. 6.

Loi no 71, du 15 février 1922, sur l'émigration. — 1922. Tch. 1.

Loi du 11 juillet 1922 relative à l'assurance par les caisses de secours des ouvriers mineurs. — 1922. Tch. 2.

*Liste, dressée par matières,*
*des différentes lois sociales avec*
*commentaires.*

Recueils d'ensemble.

*Sociálně politická ročenka odborového sdružení českoslo=*
*venského.* Publié par R. Tayerle, Prague 1923.

*Handbuch des Arbeitsrechtes.* (Sammlung der das Ar=
beits= und Dienstverhältnis betreffenden gesetzlichen Be=
stimmungen.) Par H. W. Lamberg, docteur en droit. (Ge=
setzausgaben Prager Archiv IV), Prague 1922.

La journée de 8 heures:

*Loi sur la journée de huit heures du 19 décembre 1918*
(Sbírka soc.=polit. zákonů Rep. Čs. č. 1.) Prague 1919.

Conseils et comités d'entreprise.

*Závodní výbory.* Text zákona s vysvětlivkami. (Praktický
průvodce sociálním zákonodárstvím 1.) Prague 1921.

*Zákon o závodních výborech.* Publié par Jindř. Hatlák,
docteur en droit. (Průmyslová knihovna 1.) Prague 1921.

*Zákon o závodních výborech a prováděcí nařízení.* Publié
par Alois Chytil, docteur en droit. (Sbírka zákonů česko=
slovenských 6.) Brno 1922.

*Závodní výbory podle práva čs. s přehledem judikatury*
*rozhodčích komisí,* par Al. Chytil, docteur en droit (»Sbírka
spisů právnických a národohospodářských« Tome XIV.)
Brno 1922.

*Závodní výbory.* S textem zákona a jeho prováděcím
nařízením, par Fr. Polák, docteur en droit. Prague 1922.

*Das Gesetz über die Betriebs=Ausschüsse nebst der Durch=*
*führungsverordnung* publié par H. W. Lamberg, docteur
en droit. (Stiefels Gesetz=Sammlung des Tschechoslova=
kischen Staates 26.) Liberec 1922.

*Das Gesetz über die Errichtung von Betriebsausschüssen und die Durchführungsordnung zu diesem Gesetz.* Par Ant. Schäfer. (Gesetze für Arbeiter und Angestellte mit Erlau= terungen) Liberec 1922.

*Führer durch das Gesetz über die Betriebsausschüsse* (Gesetz von 12. August 1921 G. S. Slg. N° 330, mit Ver= ordnung u. Kommentar.) Liberec 1922.

*Přehled rozhodnutí nejvyššího správního soudu ve věcech závodních výborů.* S otiskem zákona ze dne 12. srpna 1921 č. 330 o závodních výborech a vládního nařízení ze dne 29. prosince 1921 č. 2 ex 1922, kterým se provádí zákon o závodních výborech. Recueilli par J. Kotek, docteur en droit. (Publikace Sociálního Ústavu č. 8.) Prague 1924.

*Zákony a nařízení ČSR. o hornictví a uhelném hospo= dářství vydané po 28. říjnu 1918.* Recueil publié par J. Pe= ters, docteur en droit. (Hornická knihovna 1.) Prague 1921.

*Gesetzgebung in Bergbauangelegenheiten* (Stiefels Gesetz= sammlung des Tschechoslovakischen Staates, 23).

Inspection du travail.

*Státní péče o bezpečnost námezdní práce dle platných předpisů v Československu.* Recueil publié par Jakub Soušek, Prague 1923.

Statut de l'artisan.

*Řád živnostenský ze dne 20. prosince 1859 č. 227 ř. z.,* doplněný živnostenskými novelami, k němu se vztahují= cími zákony, normaliemi a rozhodnutími úřadů, nálezy nejv. správ. soudu a posudky obchodní a živnostenské komory pražské. Vol. 1. Recueil publié par B. Štědrý et R. Buchtela, docteurs en droit, Prague 1923.

*Die Gewerbe=Ordnung in der Fassung der Gewerbeno= velle vom Jahre 1907 nebst allen seither erfolgten Abände= rungen, den wichtigsten Nebengesetzen und Verordnungen, einer Auswahl von Erkenntnissen des Verwaltungs=Gerichts=*

*hofes, sowie Erläuterungen*, par Robert Svoboda, docteur en droit. (Stiepels Gesetzsammlung des Tschechoslovakischen Staates 27.) Liberec 1922.

Tribunaux de salaires.

*Soudy mzdové podle zákona o stavebním ruchu a řízení před nimi* (Avec les textes des lois). Par Bohdan Kopecký, docteur en droit. Písek 1921.

Emigration ouvrière.

*Smlouva mezi republikou Čs. a republikou francouzskou týkající se přistěhovalectví a vystěhovalectví.* Convention franco=tchécoslovaque sur l'emigration.

Assurances sociales.

*Úrazové pojišťování dělnictva.* Recueil des règlements en vigueur du 28 décembre 1887 au 10 avril 1919. Par T. Rebec, Prague 1920.

*Sbírka ustanovení o úrazovém zaopatření zaměstnanců československých státních drah.* Recueil publié par Jan Pospíšil, docteur en droit, Prague 1920.

*Sbírka zákonů a nařízení o pojištění dělníků pro případ úrazu v Čsl. republice spolu se zákonnými ustanoveními o nemocenském pojištění na Slovensku a Podkarpatské Rusi.* Recueil publié par Vl. Šmídek, Prague 1924.

*Die Gesetze und Verordnungen der tschechoslovakischen Republik betreffend die Unfallversicherung der Arbeiter,* par Robert Marschner, docteur en droit. (Gesetzausgaben Prager Archiv II. 2) Prague 1922.

*Die Unfallversicherung der Arbeiter.* Recueil publié par Heinrich W. Lamberg, docteur en droit (Stiepels Gesetz= Sammlung des Tschechoslovakischen Staates 25), Liberec 1921.

*Zákon o pojištění dělníků pro případ nemoci ve znění zákonů z r. 1888, 1917, 1919 a 1920,* II<sup>e</sup> Edition avec

commentaires de Jos. Lukáš, docteur en droit. (Sbírka
sociálně politických zákonů československé republiky).
Prague 1921.

*Výklad k zákonu o nemocenském pojištění,* par Jean
Pospíšil et Jindřich Tučný, docteurs en droit.

*Gesetze und Verordnungen betreffend der Krankenver=
sicherung der Arbeiter.* Publié et commenté par Josef Lukáš
et Franz Janoštík, docteurs en droit. (Gesetze der tsche=
choslovakischen Republik XIII, Brno 1922.)

*Die Gesetze und Verordnungen der tschechoslovakischen
Republik betreffend die Krankenversicherung der Arbeiter.*
Publié par Robert Marschner. (Gesetzausgaben Prager Ar=
chiv II. 1.) Prague 1922.

*Gesetze und Verordnungen betreffend der Krankenversi=
cherung der Arbeiter.* Recueil commenté par Julius Hübner.
(Stiepels Gesetz=Sammlung des Tschechoslovakischen Staa=
tes 29.) Liberec 1922.

*Zákon o pensijním pojištění zaměstnanců.* Publié par
E. Hendrich, docteur en droit. (Sbírka sociálně politických
zákonů Čsl. republiky 5.) Prague 1920.

*Das Pensionsversicherungs=Gesetz in der mit Gesetz vom
5. Februar 1920 hergestellten Fassung samt Erläuterungen,*
par Heinz Post, docteur en droit. (Prager Archiv für Ge=
setzgebung und Rechtsprechung.) Prague 1920, 8°.

*Das Pensions=Versicherungsgesetz,* par Heinrich W. Lam=
berg, docteur en droit. (Stiepels Gesetz=Sammlung des
Tschechoslovakischen Staates, 28.) Liberec 1922.

Indemnités de chômage.

*Předpisy o výplatě podpor v nezaměstnanosti, platné
v Republice československé.* Recueil publié par J. Rosen=
kranz, docteur en droit, et F. S. Kulhánek, Prague 1923.

Lois sur les logements et la construction.

*Zákon o ochraně nájemníků a zákon o odkladu exekuč=
ního vyklizení místností.* Publié et commenté par Hynek
Kubišta et Jan Srb, docteurs en droit. Prague 1923.

*Zákony o podpoře stavebního ruchu,* commenté par Hynek
Kubišta, Prague, 1923.

*Die Wohnungsgesetze samt der Judikatur des Obersten
Verwaltungsgerichtes und der der Zivilabteilung des Landes=
gerichtes in Prag,* par Alexander Zeyer, Liberec 1923.

Lois sur les secours aux sinistrés de
guerre.

*Příručka válečného poškozence československého. Soubor
zákonů, nařízení a výnosů o péči o válečné poškozence se
vzorci podání a žádostí,* par Jan Svoboda, docteur en
droit. Brno 1923.

*Zákonitá péče o válečné a poválečné invalidy a pozů=
stalé.* Publié et commenté par J. K Skála. Karlín 1922.

Coopération.

*Družstevní zákony československé,* par L. F. Dvořák,
docteur en droit (Kampelíkova knihovna III), Prague 1924.

*Genossenschaftsgesetz und sonstige Gesetze und Ver=
ordnungen über Erwerbs= und Wirtschaftsgenossenschaften
samt Entscheidungen der Obersten Gerichte.* Brno 1923.

Réforme foncière.

*Sbírka zákonů a nařízení o pozemkové reformě s dodat=
kem zákonů o obecním statku a vyvlastnění pozemků pro
stavbu obytných neb veřejných budov.* Recueil publié par
Edouard Vondruška, docteur en droit. Prague 1920—1921.

*Die Bodengesetze,* 2ᵉ édition. (Stiepels Gesetz=Sammlung
des Tschechoslovakischen Staates 7.)

*Monographies.*

Questions générales. Législation
ouvrière.

Dr. K. Engliš: Sociální politika. (Paru dans la collection „Duch a svět“, N° 20; II° édition, F. Topič éditeur.)

Dr. Josef Gruber: Le Ministère de la Prévoyance Sociale et la Politique sociale en Tchécoslovaquie.

Dr. Lev Winter: Dělnické zákonodárství rakouské („Česká politika“ IV° année). Publié à Prague en 1911, chez J. Laichter.

Dr. Josef Picek et Evžen Štern: Naše dělnické zákono=dárství. Paru à Prague en 1920, chez A. Svěcený.

Evžen Štern: La Législation ouvrière tchécoslovaque. Publié à Prague en 1921, par les éditions „Orbis“.

E. Štern: Základy československého dělnického práva („Politika“, II° année). Publié à Prague en 1923, dans le „Československý Kompas“.

Socialisation. Conseils et Comités
d'entreprises.

Jindřich Fleischner: Socialisace v praksi. Příspěvek k dis=kussi o společenské technice socialismu. Publié à Prague en 1920, chez A. Svěcený.

Dr. E. Štern: Socialisace dolů. Publié à Prague en 1920 par les soins de la „Société pour l'étude du droit consti=tutionnel“.

Zpráva o činnosti socialisačního výboru Uhelné rady čsl. Prague 1921. Publié par les soins du Ministère des Travaux Publics.

Josef Beránek: Zřizování závodních výborů, Prague 1923. — Odborové sdružení československé.

Fr. Modráček: Samospráva práce. Publié à Prague en 1918, chez A. Svěcený.

*Josef Beránek*: Les résultats de l'activité des Conseils d'entreprises en Tchécoslovaquie (L'avenir du Travail, I, 2—3. Paris 1923).

*Jindřich Fleischner*: Závodní rady a jejich úkoly. Publié à Plzeň en 1922 par les soins de l'„Omladina".

### La journée de huit heures.

*T. G. Masaryk:* Osm hodin práce (Huit heures de travail). — O boji hospodářském a sociálním (La lutte économique et sociale) II^e édition. Paru à Prague en 1905 dans la Petite bibliothèque du „Čas", I.

*Dr. Evžen Štern:* Die Achtstündige Arbeitszeit in der Tschechoslovakischen Republik („Die Zukunft der Arbeit", I., 1). 1923, Jena.

La loi de huit heures dans l'agriculture en Tchéco= slovaquie. Publié à Genève en 1921 par les soins du B. I. T.

*J. Soušek:* La journée de huit heures dans l'Agriculture tchécoslovaque. Extrait du Bulletin Mensuel des institu= tions économiques et sociales, XII, 5, Rome 1921.

### Contrats de salaires et Contrats collectifs.

*Dr. K. Engliš:* Tarifní smlouvy pracovní po stránce národohospodářské. Prague 1911.

*G. Reif:* Kolektivní smlouvy pracovní v republice česko= slovenské za léta 1919—1922. Prague 1923. Extrait du Bul= letin tchécoslovaque de Statistique V, N^os 3—6.

*Dr. C. Čechrák:* Mzdová soustava kolektivního vyjed= návání ve světle ekonomické teorie. Publié à Prague en 1924 par la Société „Legiografie".

*V. Dundr, A. Hampl:* Kolektivní smlouvy pracovní (Publication de l'Institut d'études sociales, N° 9, Prague 1924).

Travail à domicile.

Dr. *Evžen Štern* : Úprava pracovních poměrů domáckých dělníků (Publié par l'Institut d'études sociales, Prague 1923)·

Chômage.

Dr. *Josef Macek*: Jak se dělá nezaměstnanost, drahota a bytová tíseň a proč se prohrávají stávky. Publié à Pra= gue en 1923, chez A. Svěcený.

Assurances sociales.

Dr. *L. Winter* : Sociální pojištění (publié dans la Poli= tika II, et en 1924 dans le „Československý Kompas").

Sociální pojištění v Československé republice (Confé= rences organisées à l'Institut d'Etudes Sociales par MM. L. Winter, J. Gallas et E. Schoenbaum. Introduction traitant de l'origine de cette question, par M. J. Brabec. Texte *in extenso* du projet primitif, avec les modifications apportées par le projet gouvernemental (Publié par l'In= stitut d'Etudes Sociales, Nº 5).

Důvodová zpráva k vládní osnově zákona o sociálním pojištění (Nº 4.186 du Bulletin de la Chambre des Dé= putés, 1923, Prague).

Gesetz vom … betreffend die Versicherung der Arbeit= nehmer für den Fall der Krankheit, der Invalidität und des Alters.

Dr. *L. Winter*, O osnově zákona o sociálním pojištění v Československé republice. Zpráva přednesená v povš. debatě soc. pol. výboru poslanecké sněmovny. (Publié par l'Institut d'Etudes Sociales; Nº 27.) Prague 1924.

Inspection du travail.

O zprávách o činnosti živnostenských inspektorátů Československé republiky. Publié par l'Institut d'Etudes Sociales; Nº 2, Prague 1923.

Zpráva o úřední činnosti živn. inspektorátů v roce ...
Publié à Prague par les soins du Ministère de la Prévoy=
ance Sociale (Paraît chaque annnée).

### La question des logements.

O výsledcích zákona o stavebním ruchu v letech 1919
až 1921. Statistický přehled. (Publié à Prague, en 1923 par
l'Institut d'Etudes sociales; N° 3.)

### Coopération.

Coopération et Prévoyance sociale en Tchécoslovaquie.
Publié en français, en 1924 par les éditions »Orbis«.

Genossenschaftswesen und soziale Fürsorge in der Tsche=
choslovakei. Publié à Prague en 1924 par les éditions
»Orbis«.

### Réforme foncière.

*Dr. Josef Macek*, Znárodnění a zlidovění české půdy.
Prague 1918, chez Ant. Svěcený.

*Fr. Modráček*, Zabrání velkostatků a jejich osídlení.
Publié à Prague en 1919, dans le journal »Socialistické
listy«.

*Fr. Modráček*, Družstevní statek a pozemková reforma.
Publié à Prague en 1921, dans le journal »Socialistické
listy«.

### Protection de l'enfance.

*Dr. B. Foustka*, Ochrana dětství a mládí (Paru en 1913
dans la Česká Politika, V. Jan Laichter éditeur, Prague).

*Dr. Antonín Tůma*, Organisace zákonné i dobrovolné
sociální péče na ochranu mládeže. Imprimerie Nationale.

*Dr. Antonín Tůma*, Poměr státu k dobrovolné sociální
péči o mládež. Publié à Brno par les soins de la »Česká
zemská péče o mládež«.

Organisation internationale du Travail.

*Jacques Soušek*, La Conférence du Travail et l'Etat tché=
coslovaque. Publié à Prague en 1919, par les soins de
la Prévoyance sociale.

*Josef Lukáš*, Dispositions légales concernant l'hygiène
industrielle et la prophylaxie sociale. Publié à Prague en
1923 par les soins du Ministère de la Prévoyance Sociale.

### L'Institut d'Etudes Sociales.

Sociální ústav Československé republiky, jeho založení
a činnost v prvém tříletí (Publié à Prague en 1923 par
les soins de l'Institut d'Etudes Sociales, Nᵒ 1).

# TABLEAU DES MATIÈRES:

BIBLIOTHEQUE NATIONALE DE FRANCE
3 7502 00698033 0